행복한 개인이 되자

내향인의 번아웃 해결책

행복한
개인이 되자

진민영 에세이

책읽는고양이

시작하는 말

　노곤한 몸을 눕혔지만 잡념이 끊이지 않아 오늘도 날밤을 지새웁니다. 그렇게 당신의 숙면을 방해하는 여러 가지 잠재적인 고민거리들을 하나씩 짚어가며 차근차근 답을 해보았습니다.

　글을 쓰고 책을 내는 동안 많은 분들로부터 다양한 종류의 고민과 질문을 받아왔습니다. 새로운 삶의 여정에 올라 용기를 구하는 분도 있었고, 감당 못할 크기로 불어난 삶을 다운사이징 하고자 조언을 구하는 분도 있었습니다. 또 현재의 자신을 둘러싼 갈등, 망설임, 풀리지 않는 고민을 털어놓는 분도 있었습니다.

　많은 분들의 귀가 될 수 있어 기쁘고 감사했습니

다. 이 책은 귀 기울였던 제 지난 시간의 연장입니다.

분명한 해답을 구하기보다 여러 각도에서 고민을 해석하고 뜯어볼 수 있는 관점을 열어보자는 마음으로 책을 읽었으면 좋겠습니다. 다양한 방식으로 생각하다보면 무거웠던 고민이 가벼워지기도 하고, 흐릿했던 시야가 밝게 트이기도 하니까요.

긍정적인 자극을 받아갈 수 있다면 글을 썼던 시간이 제게도 좋은 기억으로 남을 것 같습니다. 제 글을 읽으며 '아하' 하는 순간을 조금이라도 만났다면 성공입니다. 그것만으로도 묵직했던 생각의 무게가 조금은 가벼워질 수 있을 것이라 믿습니다.

차례

1
자존감

산다는 게 무의미하게 느껴져요

위대한 사람보다 행복한 개인

매일매일 치열하게 사는 것과는 별개로 삶은 참 덧없다. 드넓은 우주의 관점에서 보면 나라는 개인은 먼지보다도 작은 존재다. 약 35만 년이라는 현생 인류의 역사에 비해 최선을 다해 장수해봐야 운 좋으면 100년 사는 인간의 수명은 얼마나 짧은가. 집착과 욕심으로부터 자유로워질 수 있었던 근거 또한 덧없는 인간 생의 본질이었다.

그리스, 페르시아, 인도에 이르는 대제국을 건설했던 알렉산더 대왕도 마지막 순간에는 이런 말을 남겼다.

"내가 죽거든 관 밖으로 손을 내놓아라. 천하를

손에 쥐었던 이 알렉산더도 떠날 때는 빈손이었다는 것을 세상 사람들에게 알려주기 위함이다."

단 하루도 의미 없는 날 없이 충만하게 살았을 것 같은 알렉산더 대왕도 생과 사 앞에서는 공평했다. 지위, 명예, 재산에 상관없이 알몸으로 태어나 흙으로 돌아가는 데는 우열이 없다. 노숙자, 부랑자, 대통령, 백만장자 모두 똑같이 죽음을 맞는다.

그럼에도 개개인의 삶은 가치롭다. 우리 생이 제아무리 불완전할지라도 나는 여전히 오늘이 있어 감사하고 설레는 마음으로 내일을 맞이한다.

삶의 의미 따위 몰라도 행복하게 사는 데 아무 지장 없다. 깊이 따져 묻지도, 생각하지도 않는다. 그저 하루하루 어떻게 하면 어제보다 조금 더 행복할 수 있을까만을 고민하고 추구할 뿐이다.

특별히 의미를 좇으며 사는 건 아니지만, 행복한 자신이 되어 매 순간 살아가다보니 자연히 삶이 의미 있게 느껴진다. 행복한 어제, 오늘, 내일이 모여 일주일, 한 달이 되고 의미 있는 1년, 가치 있는 평생이 된다. 행복한 개인이 되자. 행복은 긴가민가 나를 헷갈리게 하지 않는다. 언제 누구와 어떤 일을 함께할 때 행복한지 누구든 명확하게 묘사할 수 있다. 느끼는 상태, 오감으로 전해지는 삶의 생기, 기쁘고 감사한 마음이 증거다.

의미 있는 삶에 대한 정의는 누구나 다르다. 그렇기에 내 삶의 의미를 놓고 아무도 함부로 평가할 수 없다. 좋은 아내, 좋은 엄마로 살아가는 것으로 행복할 수 있는 사람이 있고, 나처럼 성장과 성취를 통해 완성하는 행복이 더 큰 사람도 있다. 아내라는 역할을 훌륭하게 해내는 것을 목표로 살아가는 사람이라고 기업의 총수보다 삶이 더 공허하지도 않다. 완벽하게 같은 일을 하면서도 누군가는 자신의 일에 만족과 자부심을 느끼고, 또 다른 누군가는 회의하고 자책하며 괴로운 날들을 보내고 있을 수도 있다.

내 삶이 공허하다면 그 원인은 의미의 부재가 아니라 행복하지 않아서가 아닐까. 행복한 사람은 의미를 놓고 씨름하지 않는다. 스스로의 삶이 가치 있다는 확신이 들지 않으면 삶의 추상적인 의미를 자꾸만 따져 묻게 된다.

죽음을 앞두었을 때 금은보화보다 더 값지게 다

가올 건 스스로 평가하는 자기 자신이다. 살아온 세월이 참 좋았다고 홀가분하게 말할 수 있다면, 적어도 '의미'를 놓고 고민하지는 않을 것이다.

누구나 의미 있는 삶을 살 수 있다. 내 삶의 가치 있고 없고를 평가하고 판단할 수 있는 기준은 오직 나 자신의 만족도다.

위대한 사람이 되기보다 행복한 사람이 되고 싶다. 행복하고 즐거운 순간은 누구나 있다. 그 순간을 구체적으로 묘사하고 설명할 수 있다면 의미 있는 삶을 만들 조건도 갖춘 셈이다. 그 순간들을 모아 매일 조금씩 나를 위해 쓰는 거다.

언제가 됐건 누구든 죽음을 맞는다. 운 좋으면 100년, 짧게는 70년이면 생을 마감한다. 아쉬워서라도 나는 더 집요하고 치열하게 남은 생을 행복하게 보낼 것이다. 매일 최고로 행복한 자신이 되어 살아간 80년이라면 어디에서도 당당하게 내 삶은 의미 있고 값졌다고 말할 수 있을 테니까.

오늘 하루 종일 대체 뭘 했지

불편을 선택하는 마음

삶에 불편이 개입되면 의외로 생활은 우아해진다. 집에 있는 소파는 안락하지만, 그 안락함은 독이 되어 게으름을 자극하는 주범이 되어버리기도 한다.

딱딱한 나무 의자는 마냥 편치만은 않다. 그러나 부지런함과 성실함을 빚어내고 내 앞에 놓인 과제에 집중하게 한다. 교실의 책걸상은 편안함이나 아늑함과는 거리가 있다. 하지만 가장 반짝이던 시절의 우리들은 꼬박 12년을 매일 반나절 이상 이 자리에 앉아 무던히 시간을 보냈다. 적당한 불편은 우리 삶에 생략되어선 안 될 미덕이다.

어느 순간부터 '집'이라는 공간에서 오직 안락함만이 강조되고 있다. 나 역시 집에 가구를 비롯한 물건을 구비하거나 선택할 때 항시 편안함을 우선시했다. 쿠션이 푹신하고 등받이는 높낮이를 조절할 수 있어 세상 편한 자세로 누울 수 있는 의자, 헐렁한 품에 배기지 않는 소재의 의복, 앉은자리에서 모든 일이 해결되는 행동반경 안의 생활 배치.

일이 없는 날이면 일찌감치 눈을 떠도 좀처럼 이 구름 위에 떠 있는 듯한 몽롱함을 내려놓을 수가 없어 몸이 늘어진다. 앉은자리의 안락함에 취해 팔다리가 단단히 묶여버린다.

글을 쓰기 위해 종종 집 앞 5분 거리의 녹지로 향한다. 공원이나 공동 부대시설이 으레 그렇듯, 집과 같은 친절함은 없다. 앉을 데라고는 잘해야 등받이 있는 벤치 정도고, 딱딱한 너럭바위만 퉁명스럽게 있는 곳도 허다하다. 그러나 이곳에만 오면 나는 싫든 좋든, 결과물이 만족스럽든 형편없든, 어찌 됐든 글을 쓴다. 천장만 멍하니 바라보던 집에서와 달리 춥고 불친절한 공원에서는 어떻게든 몇 자 쓰고 자리를 뜨게 된다. 불빛이라고는 침침한 가로등이 전부고, 책상도 없어 무릎을 받침대 삼아 써야 하고, 흔한 벤치조차 없는 경우 시소에 걸터앉아 어깨를 움츠려야 하는 부실한 시설이다. 그럼에도 이 공간에는 낯선 불편이 주는 묘한 해방감이 있다. 적은 생활감, 부재중인 사람의 흔적, 친절하지 않은 설비가 오히려 사고와 마음을 더 자유롭게 열어준다.

요즘은 외출할 일이 없어도 아침에 일어나면 가장 먼저 바지를 갈아입는다. 풀을 잔뜩 먹이거나 뻣뻣한 소재의 바지로 갈아입는다. 탄성 좋은 취침용이너 웨어 대신 하의만 청바지로 갈아입었을 뿐인데 몸을 움직이는 순간 새로운 마음가짐이 생긴다. 바지는 하나의 건강한 감시자가 되어 나의 생활을 긴장감 있게 조여준다. 바지허리가 조이는 바람에 입이 심심하다는 이유로 간식을 집어 먹을 수도 없다.

카페나 도서관에 가면 유독 작업과 공부에 탄력이 붙는다. 음악, 조명, 커피 향기… 이유야 여러 가지가 있겠지만, 그 가운데 공공장소라는 공간의 역할이 크다. 주변인들의 눈과 귀가 적절한 자극이 되어 스스로의 행동과 자세를 규제한다. 남에게 피해

를 주고 싶지도 내가 남에게 피해를 입고 싶지도 않
다는 의식을 똑똑하게 활용하면 자기 발전의 양분
이 된다.

안락함뿐인 삶에는 배움도 성장도 성취도 없다.
바람이 살짝만 불어도 금방 병에 걸리는 허약한 몸
이 되어 약간의 추위와 시련에도 쉽게 무너지는 나
약한 사람으로 살아가야 한다. 안락함은 움직임을
앗아가고, 움직임을 잃은 삶은 생기 또한 앗아간다.
포근하고 따뜻하지 않아도 땀 냄새 진한 삶은 운동
력이 충만하다.

중국에서 6년 동안 살다 돌아온 내가 또다시 낯
선 나라에서의 삶을 결심했던 결정적인 이유 역시
편안해지고 싶지 않아서였다. 타지에서의 삶은 무
엇 하나 쉬운 게 없지만, 매일매일이 바빠서 매너리
즘이 비집고 들어올 틈이 없다. 불편하고 어려워도
이 삶은 언제나 매력적이다.

결핍되고 결여된 삶 속에 지혜와 성장이 있었듯,
불편하고 경직된 생활과 공간은 나를 반듯하고 단
정하게 만든다. 공원까지 가기 위해 자전거를 정비
하고, 외투를 걸치고, 머리를 빗고, 손수건과 휴지

를 챙긴다. 불편은 손이 많이 가지만, 나는 그 덕에 준비하고 행동한다.

돌이켜보면 불편을 견딜 때 나는 성숙했고, 그러는 내 자신이 자랑스러웠다. 소파에 기대앉아 따뜻한 담요 속에서 뭉개고 있으면 안락하지만, 그러는 나 자신을 매일 보고 싶지는 않다. 직접 차려 먹는 밥은 성가시고 수고롭지만 외식과 인스턴트보다 건강한 것처럼, 삶의 질을 높이는 많은 요소는 불편이 모여 만들어낸다. 가까이서 보면 결코 매력적이지 않지만, 불편으로 완성된 결과물에는 더 큰 행복이 있다.

성장을 일구는 건 도구와 시설이 아니라 임하는 자세이듯, 딱딱한 의자와 밋밋한 테이블은 오직 나의 능력과 노력 한 가지밖에 의지할 게 없음을 자각하게 한다. 이 귀한 마음가짐을 빚어주는 불편한 나무 의자와 불친절한 테이블은 어떤 친절하고 값비싼 도구들보다 감사해야 할 일이 더 많은 유용한 도구다.

이제 나는 집에서 더는 안락함을 추구하지 않는다. 마냥 편하기만 한 복장, 근육 한 줌 쓸 필요 없는 자세와도 차차 거리를 두고 있다. 생활의 8할이 집에서 이루어지는 만큼 이곳에서 어떤 시간을 어떻게 보내는가는 내 삶의 질적 성적표와 직결된다. 적당한 불편과 약간의 자의식은 정돈된 생활 태도를 빚어준다. 딱딱한 나무 의자에 앉으면 자세가 반듯해지고, 뻣뻣한 청바지를 입으면 우직하게 일을 하게 된다.

작게 불편했던 오늘들 사이로 더 행복한 미래의 내가 반짝인다. 불편 끝에는 언제나 설레는 성장이 있다.

자존감이 낮아 고민이에요

자기애와 타인에 대한 기여

　평소 나 자신의 행복을 구성하는 두 가지 요소로 성장과 기여를 꼽아왔다. 행복한 삶이 이 두 가지로 좌우될 만큼 성장과 기여는 내게 중요하다. 그중에서도 '기여'는 나의 행복을 가장 강하게 지탱하는 독보적인 존재다. 이토록 강조하는 이유는 '기여'가 자기애의 근본이기 때문이다.

　자기애, 즉 자신을 사랑하는 힘은 삶의 여러 분야를 막론하고, 개인의 정신을 건강하게 유지하는 기초 자재다. 자기애가 부족한 사람은 자존감이 낮고, 자존감이 낮은 사람은 자신을 충분히 사랑하지 않는다. 자신을 덜 사랑하는 사람은 타인의 마음에 쉽게 흠집을 내고, 주변 사람들을 지치게 하며, 직업적 성공을 쌓는 데도 장애를 겪으며, 몸과 마음을 돌보는 데도 서툴러 건강하지 못한 인생을 살게 된다.

서점에서 쉽게 마주할 수 있는 자존감에 관한 자기 계발서 거의가 하나의 공통된 메시지를 담고 있다. 우선 자기 자신을 더 돌보자는 결론이다. 결국 그 책들 모두 자기애의 중요성을 강조하고 있는 것이다. 자기 계발서를 다 정독할 필요도 없이, 자기애를 완성하는 핵심은 하나다. 바로 '봉사' 다. 나는 그동안 글 속에서 수차례 이것을 '기여' 라는 단어로 표현해왔다.

타인의 삶에 기여하는 봉사는 자신을 사랑해야 할 이유를 수없이 많이 부여한다. 봉사는 매우 이타적인 행위 같지만, 그 어떤 행동보다 자신의 개인적인 행복에 큰 역할을 하는 지극히 이기적인 행동이다. 자식이 있는 부모들이 자신의 삶을 쉽게 포기할 수 없는 이유가 여기에 있으며, 봉사 활동에서 돌아온 유명 연예인들이 그 시간 동안 그 누구보다 자신이 더 큰 위로를 받았다고 언급하는 이유 또한 여기에 있다.

삶이 아무리 버겁고 힘들어도 나를 필요로 하는 존재가 있으면, 쉬이 생명을 저버릴 수도 막 살아갈 수도 없다. 살아야 할 이유가 분명한 사람은 자신의 필요가 분명한 사람이다. 그리고 이 필요는 타인의 삶에 기여함으로써 만들어진다. 부모와 연예인은 하나의 예에 불과할 뿐, 개인의 위치에 상관없이 이는 동일하게 적용된다.

나로 인해 누군가의 삶이 변했거나 타인의 하루에 행복을 더했다면, 단 한 사람에게라도 나는 꼭 필요한 존재가 된다. 이는 자신을 지탱하는 가장 확실한 이유가 된다.

자존감 결여의 가장 큰 원인은 스스로가 아무짝에도 쓸모없는 사람이라는 생각에서 비롯된다. 살아야 할 이유가 불분명할 때는 아름다운 외모도 많은 재산도 아무 소용이 없다. 자살에까지 이르게 하는 우울증도 사실 출발점은 모두 자기애의 부족이다. 자신을 충분히 사랑하는 사람은 사랑하는 자기 자신을 포기하지 않는다.

강인한 정신력부터 생명까지 책임지는 나를 사

랑하는 힘과, 나는 충분히 가치 있는 사람이라는 믿음은 쉽게 생기는 게 아니다. '나는 가치 있어.' '나는 중요해.' '나는 꼭 필요한 사람이야.' 아무리 주문을 외고 자기 자신을 다독인들, 그 기반이 될 명확한 이유가 없으면 믿음에는 또다시 불신이 싹튼다.

수백 번 주문을 외어도 생기지 않던 나를 사랑하는 마음이, 나를 넘어서 더 많은 사람들에게 가치를 나누기 시작하면 서서히 생긴다. 자신으로 인해 누군가의 삶이 가치로워지면, 자신도 소중한 사람이 된다. 내 삶은 꼭 필요한 삶이 되어버린다. 살아야 할 이유가 그만큼 분명해진다. 꼭 필요한 사람이 되니 자연히 나 자신을 아끼고 사랑하게 된다. 봉사, 기여는 나를 가치 있는 사람, 필요한 사람, 중요한 사람으로 만든다.

유니세프, 월드비전 같은 기구에 가입하고 매달 수십만 원씩 기부를 하는 것만이 봉사가 아니다. 먼 타국으로 떠날수록, 힘들이고 돈을 더 쓸수록 봉사의 질이 높아지는 것도 아니다. 타인의 삶에 어떤 방식으로든 긍정적으로 기여한다면 그 모든 것은 봉사가 된다. 세상을 향한 기여는 모두 봉사다.

　나 또한 과거 살아야 할 이유가 불분명했던 시절, 자존감이 바닥이었다. 살아야 할 이유가 불분명했던 이유는 나를 필요로 하는 사람이 아무도 없었기 때문이다. 나는 아무런 역할도 쓰임도 없는 사람이었다. 내게 가장 가깝고 소중했던 사람들에게조차 있으나 마나 한 존재였다. 그들에게 힘이 아닌 짐이었다. 나를 아끼고 사랑하는 사람들에게조차 짐이 된다는 생각은 나를 더 강하게 미워할 이유만 주었다.

　오직 나밖에 몰랐다. 머릿속은 온통 나였다. 진정으로 나를 위해 사는 것이 무엇인지도 모른 채 온통 나 자신을 소비하며 살았다. 나를 위해 산다고 자부했던 그 시절, 나는 사실 그 누구보다 나 자신에게 가혹했다. 못해서, 더 뛰어나지 않아서, 더 빨리 갈 수 없어서, 나를 꾸짖고 원망하고 미워해야 할 이유를 끝도 없이 만들어냈다. 내 시야에는 온통 나뿐이었다.

　텅 빈 나의 자존감을 더 많은 '나'로 채우려 했다. 나를 위해 돈을 쓰고 내 능력과 재능으로 콧대를 높이며 나를 우월하게 만들었지만, 그럴수록 내 자존감은 점점 더 낮아졌다. 무리에서 돋보이기 위해 겉을 치장하고, 말을 거칠게 하고, 뒤떨어지는 사람들을 무시하고, 부족한 사람들을 하대했다. 그렇게 하면 내가 돋보이고 우월해진다 믿었다.

떨어져가는 자존감을 채우기 위해 인사불성이 될 때까지 술을 마시고, 단발적인 만남으로 정신을 소비하고, 밤늦게 몸에 해가 될 음식들을 먹었다. 스스로 나의 가치를 찾을 수 없었기에, 나는 충분히 소중한 사람이 아니었기에, 방치하고 함부로 대해도 괜찮은 사람이었다. 나는 나를 사랑하지 않았기에 나를 망가뜨리면서도 다음 날이면 또 못난 짓을 되풀이했다.

자신을 위해 사는 것은 중요하다. 하지만 스스로의 삶을 오직 자기 자신으로 채우는 것이 스스로를 위해 사는 올바른 방법은 아니다. 자신을 위해 사는 방법은 역설적이게도 타인을 위해 사는 것이다. 자존감은 오직 타인을 돕는 행위로만 채워진다. 자기애는 타인을 돕는 행위가 단단하게 뿌리내릴 때 가장 강해진다.

'나'로 채울 수 있는 마음의 여유에는 한계가 있

다. 그 이상은 타인과 사회, 세상을 위한 자리들이다.

그래서 조금씩 세상을 향해 긍정적인 기여를 하며 살기 시작했다. 전기를 아껴 쓰고, 산지 음식을 적극적으로 찾아 소비하고, 글을 쓰면서도 어떻게 타인의 삶에 미약하게라도 도움을 줄 수 있을까 고민했다. 선택할 수 있다면 시민 사회에 대한 비전을 가진 기업을 지지하고, 1회용 휴지 대신 손수건으로 손을 닦고, 종이컵 대신 텀블러를 사용했다. 날이 맑으면 유난히 파란 하늘에 나의 노력도 조금은 기여했을 거라는 자부심이 생겼다.

이 모든 행동의 시작은 나였지만, 결과적으로 세상에 기여를 하고 있었다. 나의 행복과 열정, 그리고 세상에 대한 기여, 이렇게 세 가지의 접점을 찾아 맞추면서 알 수 없는 힘이 생겨났다. 대단한 일을 한 것도 아닌데, 나라를 구하지도 죽은 사람을 살리지도 않았는데, 이 세상이 나로 인해 아주 조금 아름다워졌다는 생각 하나가 이 세상을 더 열심히 치열하게 살아야 할 이유를 자꾸 들이밀었다.

세상을 향해 기여를 할수록 내가 자꾸만 더 소중

하고 가치 있게 된다.

글을 쓰는 지난 시간 동안 많은 사람들로부터 메시지를 받았다. 지금까지도 꾸준히 받고 있는 긍정의 메시지는 매번 그 감동의 부피를 경신한다. 나를 위한 성취는 시간이 흐를수록 그 행복의 부피가 쪼그라들어, 자꾸만 더 큰 성취를 해야만 같은 기쁨을 누릴 수 있었다. 반면, 사람들로부터 받는 두세 마디의 감사 인사는 몇 년이 흘러도 똑같이 내 마음을 뭉클하게 한다. 거의 비슷한 그들의 이야기도 매번 색다른 기쁨과 감동을 선물한다.

봉사와 기여는 자기 자신에 대한 흔들리지 않는 믿음을 만든다. 고마워하는 상대의 눈빛, 따뜻한 감사 인사, 삶이 당신 덕분에 조금 더 나아졌다는 그들의 말 한마디가 그 증거다.

자신을 존중할 수가 없다면 스스로를 존중하고 싶은 이유가 왜 없는지 물어야 한다. 주위에 자신을 필요로 하는 사람이 아무도 없으면 세상이 말하는 부와 명예를 거머쥐어도 공허할 뿐이다. 스스로를 위해 돈을 쓰고 능력과 재능을 갈고 닦고 자신을 우월하게 높인들, 시야에 온통 자신뿐이라면 그 누구도 당신의 업적을 높이 사지 않는다. 딛고 있는 땅이 모두 비옥해야 더 많은 기름진 토양을 밟고 살아갈 수 있다.

타인을 귀히 여기면 그 사람에게도 나는 귀한 사람이 된다. 세상을 소중하게 대하면 세상에게도 나는 꼭 필요한 존재가 된다.

나를 위해 살고 싶으면 나를 행복하게 만드는 일이 나를 넘어 세상에 가치를 부여하게 만들면 된다. 나를 사랑하는 힘이 부족하다면 힘들어하는 타인을 찾으면 된다. 큰돈을 들일 필요도, 대단한 결심을 할 필요도, 큰 희생을 감내할 것도 없다. 그들을 위해 할 수 있는 작은 행동부터 실천해보면 된다.

봉사는 자존감 형성의 기본이자 자신을 사랑할 이유를 만들며, 절대 삶을 포기할 수 없는 존재의 이유까지 부여한다. 자존감이 부족하다면, 자신을 사랑하는 힘이 약하다면, 그동안 치열하게 자기 자신에게만 매달려 산 건 아닌지 질문해봐야 한다. 자기 자신만을 보고 달린 인생은 결코 당신을 가치 있는 사람으로 만들지 않는다.

성공한 삶이란 은행 통장에 쌓인 부가 아니라 당

신의 죽음 앞에서 슬퍼할 사람들의 눈물이 결정한다. 더 많은 사람들의 마음속에 오래도록 남을 사람이 성공한 사람이다. 나를 그리워할 사람이 많을수록 나는 더 풍요로운 인생을 산 것이다. 그리고 이런 풍요로운 인생은 살아 있는 동안 기여한 내 몫이 만든다.

나를 더 강하게 사랑하고 싶으면 타인의 삶에 가치를 더하기 시작하면 된다. 취미를 업으로 만들고 싶으면 홀로 얻어가던 가치를 나 이외의 사람들로 확장하면 된다. 홀로 즐거움을 추구하면 취미에 그치지만, 더 많은 사람들이 즐거움을 함께 추구할 수 있게 하면 업이 된다.

타인을 더 사랑할 필요는 없다. 그들의 삶을 내 삶보다 소중히 여길 필요도 없다. 단지, 타인의 삶을 윤택하게 만들수록 내 삶이 함께 더 자꾸 윤택해진다는 것은 꼭 알려주고 싶다.

내가 글쓰기를 지속하는 이유는 그것이 나의 창작 욕구를 충족하고 자기표현 욕구를 해소해주기 때문이다. 하지만 더 큰 이유는 그것이 단 한 사람에게라도 긍정적 기여를 한다는 강한 믿음이 있기 때문이다. 내가 다른 것은 다 포기해도 사회적 기여를 포기할 수 없는 이유는, 내가 남들보다 자비롭고 이타심이 강해서가 아니다. 그 누구보다 나는 나를 사랑하고 싶기 때문이다. 나는 그 누구의 삶보다 내 삶을 우선시하는 이기적인 사람이기 때문이다.

누군가의 삶에 기여하는 바를 최고의 가치로 여기는 사람은 다시 말해 자신을 사랑하는 마음이 가장 강한 사람이며, 이 세상 누구보다 가장 이기적인 사람이다. 그들은 행복하고자 하는 욕망이 강한 사람들이다.

세상에서 가장 이기적인 사람들은 타인의 삶에 가치를 많이 더하는 사람들이다. 그들은 행복으로 가는 가장 확실한 방법을 일찌감치 깨우친 현명한 사람들이기도 하다.

쓸데없는 걸 자꾸 사요

시그니처 가치

사람들은 저마다 삶에 대한 자신만의 태도와 철학이 있고, 가치를 부여하는 각기 다른 요소들이 있다. 이것들이 한데 얽힌 결과가 '라이프 스타일', 즉 삶의 방식이다.

영화 〈소공녀〉(2018)의 주인공 미소는 하루 한 잔의 위스키, 사랑하는 남자 친구, 한 모금의 담배만 있으면 더 바랄 게 없다고 한다. 위스키, 애인, 담배가 그녀의 시그니처 가치이자 라이프 스타일로 귀결된다.

미소의 위스키, 애인, 담배의 격에 견줄 만한 나의 시그니처 가치는 무엇이고 그 가치들로 꾸려진

내 삶은 어떤 모습인지 잘 알고 있다면, 미소가 그랬듯 거기에 해당하지 않는 그 밖의 모두를 회색 처리할 수 있다.

회색 처리를 완벽하게 한 미소는 누가 뭐라든 일단 행복하게 산다. 집이 없고 가사도우미 일을 하지만 개의치 않는다. 회색 처리된 영역은 무엇이 어떻든 아무래도 좋을 만큼 큰 가치를 두지 않기 때문이다.

나의 선호를 명확히 알고 무엇이 의미 있고 가치로운지 알면 그 생활에 안정적으로 정착할 수 있다. 나 또한 삶의 각 영역에 미소만큼이나 두드러진 시그니처가 있다. 각 영역의 시그니처에만 쓰기에도 자원이 언제나 부족하기에 그 밖의 것들에는 여유를 허용할 만큼 자비로울 수가 없다. 낭비와 충동구매는 더는 기억이 나지 않을 만큼 희미한 옛날이야기가 되었다.

내 생활을 알아야 한다. 무엇을 중심으로 생활을 꾸리고 어떤 일들을 하며 가장 많은 시간을 보내는지 알면, 그 시간 속에서 역할이 없는 물건을 사거나 서비스를 이용할 이유가 없다. 낭비가 어떻게 가능한지 궁금해질 만큼 다른 곳에 한 톨의 자원도 쓰고 싶지 않아진다.

　마실 것이라곤 커피와 물이 전부인 내가 오렌지 주스나 탄산수를 살 리는 없다. 팟캐스트나 라디오처럼 귀로 듣는 방송만 소비하는 내게 TV는 공간을 잡아먹는 덩치 큰 쓰레기에 지나지 않는다. 하루 동안 내 손이 스치고 내 발이 닿은 나의 흔적이 남아 있는 모든 물질과 시공간을 유심히 뜯어보면 그 속에 미소의 담배, 위스키, 애인처럼 나만의 시그니처 가치가 보이고, 내가 시간과 돈과 자유를 쓰고 싶은 대상이 수면 위로 떠오른다. 공고하게 뿌리내린 하루 일과와 생활이 완성되면 낭비, 과소비, 물욕과도 영영 결별하는 날이 온다.

나를 잃어가고 있다는 기분이 들어요

나의 뮤즈는 나

자신의 의지와 상관없이 우리는 수만 명의 뮤즈들과 매일같이 접촉하며 살아간다. 팔로우 한 친구의 소셜 미디어, 내일 만날 직장 동료, 잡지 속 여자, 지하철 건너 좌석에 앉은 남자, 애인, 동창, 형제, 자매, 아침마다 듣는 라디오 방송, 노래 등 소비하는 외부 세계는 모두 잠재적 뮤즈다.

뮤즈가 하나일 때는 영감을 주지만, 다수가 되면 혼란을 가중시킬 소음에 불과하다. 선택의 홍수 속에서 길을 잃지 않고 스스로를 행복하게 해주는 자신의 취향을 발견하기 위해서 이 수만 명의 뮤즈들과 거리를 둬야 한다.

영감의 원천은 세상 그 누구보다 자기 자신이어야 한다. 스스로 자신의 뮤즈가 될 때 '스타일'이 완성된다. 이는 그 누구도 흉내 낼 수 없는 자기만의 고유성이다.

24시간 누군가의 삶에 노출되어 있으면 자연히 그 영향을 고스란히 떠안게 된다. 타인의 삶은 긍정적인 자극이 되기도 하지만 박탈감, 자격지심, 압박의 도화선이 되기도 한다. 타인의 삶이 영감의 원천으로 건강하게 작용하기 위해서는 다분히 의식적인 큐레이션이 필요하다.

SNS, 인터넷, 텔레비전 등을 통해 온갖 정보와 영감을 필요, 불필요 구분 없이 허용하기 시작하면 내가 설 자리는 점점 없어진다. 모방할 수 없는 나만의 독창성은 그 누구의 간섭과 개입도 없을 때 튼튼하고 안전하게 쌓아올릴 수 있다.

타인의 삶을 소비하지 않으면, 무엇으로 자신의 내면을 채울 것인지 고민할 수밖에 없다. 이때 나의 진짜 욕구와 원망(願望)을 가장 가까이에서 들을 수 있다. 타인의 판단과 영향으로부터 자유로워지면 처음부터 끝까지 나로 시작해 나로 완성된 존재가 우뚝 선다. 흔들리지 않는 생각과 신념은 이 시간 동안 싹이 튼다.

우리는 언제 어디서건 클릭 한 번으로 수백 명의 사생활을 볼 수 있는 시대에 살고 있다. 그 속에서 자신의 뿌리를 지켜내기란 쉽지가 않다. 그렇기에 소신껏 살아가는 사람들이 더 돋보이는 시대이기도 하다.

피부처럼 꼭 맞는 나의 '스타일'을 찾게 되면 더 이상 타인의 취향에 휘둘리지 않는다. 타인의 성공과 번영이 자신을 깎아내리는 이유가 되지도 않는다. 타인의 재능과 아름다움을 응원하고 축복할 수는 있다.

단단한 확신으로 똘똘 뭉친 신념이 생기면, 그때는 마음 놓고 외부 세계를 소비해도 그것에 흔들리지 않는다. 그 전까지는 최대한 외부 세계에 배타적인 자세를 취한다. 위태위태하게 겨우 모양을 잡아가는 나의 성은 약간의 바람에도 무너진다. 그러니 구경꾼, 바람, 빗물, 철없음 같은 잠재적인 위협으로부터의 보호가 절실하다.

2
본질

울고 싶은데 눈물 한 방울 나지 않아요

감정 표현도 습관

때로는 '눈물'이 간절하게 필요할 때가 있다. 그래서 슬픈 영화를 보며 울고 싶은 마음을 실컷 풀어낼 때가 있다. 영화의 비극적인 결말과 등장인물들의 가슴 아픈 사연에 소리 내어 엉엉 울고 나면 찌꺼기같이 가라앉아 있던 우울과 상처가 함께 씻겨 내려간다. 무엇 때문에 왜 우는지는 중요하지 않다. 이유 없는 눈물이 아픈 곳을 어루만져주기도 한다.

뻔한 전개에도, 많이 슬프지 않아도, 누가 들으란 듯이 일부러 더 크게 소리 내서 운다. 눈과 코가 얼얼해질 정도로 통곡을 하고 나면 머리가 떵하고 시야는 흐릿하지만 마음만은 개운하다. 우느라 지친

육신 탓인지 머리 한가득 복잡하게 나를 자극하던 잡생각들도 눈물, 콧물과 함께 떠내려간다.

눈물을 흘리기 위해 가상의 현실에 의존해야 할 만큼 우리는 자신의 감정을 속이는 데 익숙해졌다. 감정이 무뎌져 기뻐도 웃음이 나지 않고 슬퍼도 울음을 터뜨릴 수 없게 되었다. 하지만 누적된 내적 마찰은 얕잡아 볼 수 없다. 감정과 행동의 끊임없는 투쟁에 지친 나는, 자신은 물론 주변의 소중한 사람들에게도 사사건건 시비를 거는 불만덩어리가 된다.

감정을 쌓아놓지 않고 표현하는 것은 매우 중요하다. 무의식적으로 욕을 하는 습관이 있다며, 내게 고충을 토로한 독자가 있었다. 늘 그렇지는 않으나 감정이 욱하고 지치고 힘들 때 불쑥불쑥 욕을 한다고.

감정 표현에 솔직하지 못한 나는 그 독자가 부러웠다. 감정을 느껴지는 그대로 표출하는 건 스트레스를 쌓아놓지 않을 수 있는 가장 좋은 방법이다. 그 감정의 형태가 기쁨이든, 우울이든, 감동이든, 슬픔이든, 있는 그대로 꺼내서 표현하는 법을 자꾸 훈련해야 한다. 속 시원하게 감정을 분출할 수 있는 창구가 욕하기라면 오히려 더 크게 개운해질 때까지 내지르라고 말하고 싶다. 타인을 향해 있지만 않다면 욕은 감정 표현의 하나일 뿐이다.

어느 TV 프로그램의 방송 사고가 기억에 남는다. 생방송 도중에 출연자와 진행자 모두 웃음이 터져버렸다. 안간힘을 쓰며 감정을 추스르는 두 사람의 모습이 어찌나 처절하던지 우스우면서도 "고생 많으십니다."라는 말이 절로 나왔다. 별 탈 없이 일단락되어 지금은 유쾌한 해프닝으로 회자되지만, 당시 진행자는 방송 도중에는 물론이고 방송 직후까지 진땀을 뺐다고 한다. 윗선의 꾸중을 들은 것은 물론이고, 괴로웠던 생방송 당시를 생각하면 지금도 식은땀이 맺힌다고.

만약 진행자와 출연자 모두 속 시원하게 한바탕 웃고 넘어갔다면 의외로 큰 소동이 없었을지도 모른다. 억누르고 참아도 한번 터진 웃음은 쉽사리 멈추지 않는다. 일단 흐르기 시작한 눈물은 작은 자극에도 더 강하게 반응할 뿐이다.

남자는 평생 세 번 운다는 말이 있다. 하지만 일평생 단 세 번만 눈물을 흘리는 남자는 전혀 매력적이지 않다. 나는 오히려 내 앞에서 속절없이 무너진

남자에게 더 강한 애정을 느낀다. 어깨를 들썩이며 우는 남자는 위로하고 다독여줄 필요가 있다. 내가 곁에 있어 다행인 사람은 나 없이도 한없이 씩씩한 사람보다 사랑할 이유가 더 많으니 말이다.

그래서 나는 앞으로 울보가 되기로 했다. 웃음도 헤프게 쓰려고 한다. 살을 꼬집어 가며 새어 나오는 웃음을 억누르지도 않고, 흐르는 눈물을 억지로 참지도 않을 것이다. 자신의 감정 앞에서 무장 해제된 순간이야말로 호감이 사랑으로 발전할 수 있는 고마운 틈이기도 하니까.

먹어도 먹어도 배가 고파요

뺄셈 마인드

잔뜩 먹고 난 다음 날엔 공복감이 더 심하다. 먹은 음식을 소화하기 위해 밤새 장기가 열을 올리며 일을 했으니, 연료가 부족해진 몸이 배고픔을 호소하는 건 당연하다. 반면, 공복으로 잠든 다음 날엔 크게 허기가 느껴지지 않는다. 이상할 정도로 입맛이 없어 아침 식사를 가볍게 건너뛰기도 한다.

무엇을 어떻게 더할까를 고민하기 전에 무엇을 덜고 줄일 수 있을까를 생각하면, 문제 해결에 새 지평이 열린다. 더 많은 경우 우리 삶에 보다 유용한 수식은 플러스가 아닌 '마이너스'다.

적어서 행복했던 순간은 누구에게나 있다. 스케

치북 한 권으로 제국을 건설해 하루 종일 오빠와 전쟁 게임을 했던 유년 시절의 기억, 우산도 없는데 갑자기 비가 내리는 바람에 역까지 바래다달라고 좋아하는 남자에게 용기를 낼 수 있었던 어느 날의 경험, 간소한 짐 덕분에 어수선한 수화물 검색대를 홀로 유유히 빠져나왔던 순간 등 없어서 가볍고 자유로웠던 바로 그 자리.

우리는 뺄셈의 수식을 너무 오랫동안 잊어버렸다. 과거에는 의도와 상관없이 뺄셈이 생활 속 어디에나 자리했다. 전기가 없으니 해가 뜨면 일을 하고 해가 지면 잠자리에 들어야 했다. 땅이 얼고 나뭇가지가 앙상해지면 노동하던 손을 멈추고 한 계절 동면하며 쉬어 가야 했다.

지금은 사계절 내내 귤과 수박을 먹을 수 있고, 원산지가 외국인 아보카도, 바나나, 용과 등을 국산 과일만큼 손쉽게 구할 수 있다. 태양의 존재감이 무색할 정도로 밤이 깊어갈수록 도시는 더 밝고 화려하게 날뛴다. 뺄셈의 단점만 부각되고 그 미덕은 너무 오랜 시간 방치됐다.

물론, 행복해지기 위해 더해야 할 것도 많다. 나

역시 있어서 감사한 것들이 많다. 고슬고슬 맛있게 밥을 지어주는 전기밥솥, 간편하게 식빵을 구워주는 토스트기, 고민이 있다는 전화 한 통에 하던 일을 내려놓고 가만히 귀 기울여주는 친구들, 무얼 하건 무한한 지지를 보내주는 가족, 지붕이 있는 따뜻한 집, 가치를 공유하는 사람들과 빠르고 편리하게 연결해주는 인터넷이라는 오작교, 이 모든 것들이 더해졌기에 내 삶이 풍요롭고 안락할 수 있다.

하지만 많으면 많을수록 정답이라는 믿음에 사로잡혀 더하기에만 급급하다보니, 내 삶을 유용하고 풍요롭게 가꿔주는 소중한 것들이 더는 감사하게 느껴지지 않는다. 소중하게 대하지도 않는다.

나는 지난 몇 년간 삶을 지탱하는 핵심 수식으로 '뺄셈'에 더 큰 비중을 두었다. 20년 이상 주도권을 내주었던 덧셈을 잠시 깊숙한 곳에 넣어두고, 운전석에 뺄셈을 앉혀 삶을 운영했다. 그 몇 년은 살아온 어떤 날들보다 내게 많은 깨달음을 주었다. 덧셈만 존재하던 삶에는 보이지 않던 지혜, 통찰, 본질이 보였고, 삶 곳곳에는 변화의 바람이 불었다.

결핍을 겪어보니 있어서 소중한 것들의 존재감

이 너무도 컸다. 작은 것에도 매일같이 고개 숙이며 감사하는 마음이 생겨났다. 욕망으로 변질됐던 열정은 성장의 동력으로 제자리를 찾아갔고, 유용한 도구는 유용한 만큼 삶에 이로운 역할을 하는 데만 똑똑하게 사용할 수 있게 됐다.

이제 비움은 내게 삶이 되었다. 나는 지금도 매일같이 묻는다. 사용하는 시간, 돈, 지니고 있는 감정, 생각, 보관하는 물건과 정보, 허용하는 관계와 열망 등 무엇이 됐건 이 모두는 내 삶에 가치 있는 역할을 하는가? 그렇지 않으면 비워낸다. 목적 없이 공간, 시간, 체력과 마음의 여유를 앗아가며 삶을 탁하게 만드는 무언가가 있다면 찾아 떠나보낸다.

비움, 뺄셈의 수식이 삶의 모든 난제를 요술처럼 해결하지는 못한다. 하지만 이 두 가지가 적절하게 균형을 이루는 삶이 아닌 어느 하나만 존재하는 삶이라면 결코 건강하고 행복할 수 없다. 책상, 냉장고, 자전거, 프라이팬, 그릇 등은 유용한 도구이지, 사는 공간의 주인이 아니다. 돈은 쾌적하고 자유로운 삶을 살게 해줄 고마운 수단이지, 섬겨야 할 대상은 아니다. 소비하지 않으며 살 수는 없지만, 소비밖에 하지 않는 삶은 너무도 공허하다.

부피를 줄이려는 욕심이 앞서 물을 부으면 크기는 줄어들지 몰라도 무게는 더 가중된다. 더하고 곱하며 문제를 해결할 수도 있지만, 나누고 덜어내며 해답을 찾을 수도 있다. 시끄럽고 부산스러운 주변 공기가 나를 괴롭힌다면 공기를 바꾸려고 애쓸 수도 있지만, 그 장소를 내가 떠나버릴 수도 있다.

줄이고 없애고 통일하고 단일화하면, 삶의 각 분야에서 과정과 결과 모두 긍정의 변화가 생긴다. 복잡함은 단순화하고, 생산과 아웃풋으로 소비와 인풋의 균형을 유지하고, 산재된 출처와 선택지는 하나의 좁고 튼튼한 카테고리에 모아 담는다.

없이도 살아보고 불편하게도 살아보는 게 삶의 또 다른 재미가 아닐까싶다. 채우는 건 쉽고 저렴하고 누구나 하는 일, 비우는 건 용기와 행동과 결의가 필요한 아무나 못하는 일. 남들 다 손쉽게 하는 일 말고 나만이 해낼 수 있는 일, 그리고 그 일들로 삶을 채워가는 것. 나눗셈과 뺄셈은 건조하고 텁텁한 삶에 달짝지근한 양념 같은 역할을 해주는 고마운 존재가 아닐까.

할 줄 아는 것이 없어 자신감이 자꾸 떨어져요

정체성을 보여줄 한 가지 찾기

세상은 당신이 얼마나 좋은 사람인지에 관심이 없다.

"나는 인격도 훌륭하고 따뜻한 내면을 지녔고 진실된 사람인데 왜 나를 존중해주지 않나요? 왜 나를 사랑해주지 않나요? 왜 내게 관심을 가져주지 않는 거죠?!"

미안하지만 좋은 사람과 따뜻한 내면은 개인의 가치를 증명해주기에 턱없이 부족하다. '좋은 사람'은 기준도 모호하고 수치로 측정할 수도 없어, 말이 좋아 인격과 내면이지 누구나 입만 있으면 '좋은 사람' 딱지를 붙여 스스로를 홍보할 수 있다.

'좋은 사람'인 당신은 세상을 위해 무얼 할 수 있는가?

사회라는 시장에 나가 좌판만 펼쳐놓고 물건은 하나도 내놓지 않은 채 "나는 비옥한 땅에서 나고 자라 뿌리가 튼튼하고 깨끗합니다!"라고 외쳐보라. 어느 누구도 당신에게 눈길을 주지 않는다. 당신의 땅이 얼마나 정직한지, 깨끗한지, 아름다운지에는 아무도 관심이 없다. 탐스러운 열매는 말하지 않아도 비옥한 땅이 출처임을 증명한다.

한 가지 가정을 해보자. 당신의 배우자 또는 가족이 길 한복판에서 총에 맞아 쓰러졌다. 이때 한 남자가 다가온다. 남자는 부상자의 재킷을 벗기고 총에 맞은 상처를 이리저리 살펴보더니 주머니에서 커터 칼을 꺼내 든다. 당신은 '수술을 하려나…' 하고 생각하며 남자에게 묻는다. "의사인가요?" 남자는 아니라고 한다. 이어서 당신은 다급하게 되묻는다. "그래도 수술은 해본 적이 있죠? 의사가 아니라면 군의관이라든지… 아무튼 어떻게 하는지 알고 칼을 든 거죠?"

이쯤 되자 남자는 짜증이 섞인 목소리로, 자신이

정직하고 시간 약속을 잘 지키며 좋은 남편이자 훌륭한 아빠이며 어머니께 효도하는 좋은 아들이라고 말한다. 태어나서 나쁜 말 한 번 해본 적이 없으며, 늘 도덕규범을 철저하게 지킨다고 덧붙인다.

당신은 참을 수 없이 답답해지는 동시에 혼란에 빠진다. "그게 다 대체 무슨 소용이란 거요? 내 가족이 총에 맞아 쓰러졌단 말이오! 지금 당장 피를 멎게 해주고 총에 맞은 상처를 치료해줄 사람, 수술을 해본 적이 있는 사람이 필요하단 말이오!"

거짓말 한 번 한 적 없고 시간 약속을 잘 지키는 성실한 그 남자에게 가족의 목숨을 맡길 사람은 아무도 없다.

'좋은 사람'은 사회에 진입할 티켓이 될 수 없다. 사회라는 링 위에 일단 오르려면, 누구에게나 내보일 수 있는 자격, 능력, 기술이 필요하다.

이력서도 구구절절 장황하게 쓸 필요가 없다. 상대가 당신을 고용해야 하는 이유 한 가지에만 집중하면 이력서 작성에 10분 이상이 걸리지 않는다. 인격적인 훌륭함은 기준이 모호하고 수치화할 수도 없다. 다시 말해, 검증이 불가능하다.

수백만 명의 지원자들 모두 취업이 간절하고, 헌신할 준비가 되어 있으며, 진실되고 성실하다. 당신이 가진 능력으로 회사를 위해 무엇을 할 수 있는지에 대해 언급해야 한다. 당신이 얼마나 약속을 잘 지키고 좋은 아들이고 좋은 친구인지는 언급할 필요가 없다. 스페인어로 소통하고 교류할 수 있다거나, 프레젠테이션 소프트웨어를 다루어온 경력이 풍부하다는 말을 해야 한다.

군이 정직을 능력으로 치환한다면, 정직하다는 말은 한 가지로 결론이 난다. "나는 정직한 사람이기 때문에 적어도 당신 회사 돈을 횡령하지는 않을 것입니다." 그러나 이것이 당신을 어필할 가치는 아니다. 사람을 살릴 능력이 있는 사람은 충분히 매력적이지만, 사람을 죽이지 않았다는 이유가 매력이 되기에는 분명 부족함이 있다.

삶은 곧 영업이다. 회사원으로 직장에서 일을 하든, 사회적 기관에서 공익을 위해 봉사를 하든, 나만의 비즈니스를 꾸려가든, 결국 나를 어떻게 팔 수 있을까에 대한 고민으로 이어진다.

관계도 다르지 않다. 누군가와 친구가 되기까지

일련의 과정을 보면 서로를 잡아끄는 '열매'가 있다. 친절과 호의와 호감에는 언제나 정서적, 물질적, 지적 동경이 내포되어 있다. 공통된 관심사, 위트, 리더십, 재주, 운동 신경, 스타일리시한 패션, 공감 능력… 각자가 가진 열매가 실마리가 되어 대화가 시작되고 만남이 이어진다.

막연한 인간적 호기심은 없다. 무적 같은 사랑도 언제나 시작은 서로가 가진 열매에 대한 애정과 이끌림이다. 평범한 우리네들에게 인격과 내면을 꿰뚫어볼 투시력과 특수 안경은 없다. 가진 것도 스토리도 호기심을 유발할 소재도 없다면, 관심도 애정도 존중도 없다.

능력과 기술이 그 사람의 인격을 드러낸다. 직업은 그 사람의 정체성이다. 무엇을 업으로 삼았는가를 잘 살펴보면 그 사람이 보인다. 기타리스트는 음악적 감수성이 풍부할 수밖에 없고, 가수는 무대와 대중에 익숙할 수밖에 없다. 개그맨은 유머 감각과 순발력이 뛰어날 것이고, 통역사는 언어적 감각이 날카로울 것이다. 작가는 읽고 쓰고 깊이 사고하는 데 많은 시간을 쓸 것이 분명하다. 요리를 잘하고 외국어에 능통하다면, 배움에 가치를 두고 문화적 호기심이 많은 사람일 거라 짐작할 수 있다. 능력은 곧 자신을 증명한다. 이제껏 걸어온 길과 몰입하고 있는 자신의 현재를 보여준다.

훌륭한 인격과 따뜻한 성품은 사회라는 문을 먼저 통과한 뒤 보여줄 때 더 설득력이 있다. 이 문을 통과하기 위해서는 먼저 기술을 연마하고, 노력을 통해 능력치를 쌓고 전문가가 되어야 한다. 당당하게 명함을 내밀어 자신할 수 있는 나만의 '사람을 살리는 기술'이 있어야 한다.

당신이 관계, 직업적 성공, 개인적 성취 앞에서 힘겨운 싸움을 하고 있다면, 또는 좌절감과 패배감에 괴로운 날을 보내고 있다면, 그건 당신에게 당신의 정체성을 확고히 해줄 무언가가 아직 없기 때문이다.

단 한 가지라도 붙들고 시간과 열정을 투자해, 사람을 살릴 수 있는, 총상을 치료할 수 있는 기술을 계발하라. 그때는 더 이상 당신의 인격과 품성이 평가 절하 되지 않을 것이다.

누구든 금방 친해지는 '인싸'가 부러워요

흉내보다 내 모습 그대로

나는 뼛속까지 내향적인 사람이다. 혼자의 시간 동안 정신과 영혼을 치유한다. 혼자의 시간을 지켜내야만 함께의 시간을 더 의미 있고 풍성하게 보낸다.

자라면서 내향적인 나의 성격이 사람들과 교류하는 데 걸림돌이 된다는 생각이 많이 들었다. 어릴 적부터 나는 주목 받기를 싫어하고 낯선 환경과 삶에 거부감이 컸다. 집이 아닌 공간에서 먹은 음식은 전부 게워낼 정도로 친숙하지 않은 모든 것에 대해서는 몸도 격하게 반응했다. 학급이 올라갈 때면 흔히 하는 자기소개 시간조차 내게는 공포였다.

청소년기 대부분을 다국적 학생들이 재학하는 국제 학교에서 보냈다. 내 학교생활은 쉽지 않았다. 교과목 대부분이 토론과 조별 과제로 이루어진 서구의 교육은 체질적으로 맞지 않았다. 논쟁과 설득에 뛰어난 아이가 있는가 하면, 홀로 생각에 잠기며 학습하는 아이도 있기 마련이다. 하지만 도서관과 책을 좋아하는 나는 아이들이 친해지고 싶어 할 만큼 매력적인 타입은 아니었다.

공부도 교우 관계도, 무엇 하나 평탄하지 않았다. 마음을 열고 친해지는 데 긴 시간이 걸렸지만, 그 시간을 인내하고 기다려주는 사람은 많지 않았다.

목소리 크고 자기주장 강한 아이들 틈바구니에서 늘 주눅이 들어 있었고, 설상가상으로 미숙한 언어마저 약점이 되어 나의 발목을 잡았다. 외딴 섬에 온 듯 불편한 자리를 지키는 날이 늘어갔다.

그 시절 나는 나 자신을 많이 미워했다. 당시 나는 내향과 외향에 대한 구분도 정의도 몰랐다. 내향적인 성격이 가진 장점을 어떻게 찾는지도 몰랐고, 찾으려는 노력도 하지 않았다. 그저 적극적이지 못한 내 성격에 문제가 있다고만 생각했다. 친구 하나 사귀지 못하는 나의 무능력을 원망했다.

내향성이 얼마나 잠재된 장점이 많은 성향인지 그때는 몰랐다. 아무도 내게 가르쳐주는 사람이 없었다. 내가 가진 고유의 자질과 성격을 개발하고 연마할 여유는 없었다. 나를 포함한 주변은 온통 내게 목소리를 크게 내라고, 말을 좀 활달하게 하라고 눈만 흘겼다. 학교를 그만둘 생각이 아니라면 순진한 기대나 환상은 품지 말자고 마음먹었다.

조금씩 생각을 고치기 시작했고 행동을 달리했다. 환경에 적응하기 위해 외향성을 기술처럼 익혔다. 손을 들고 적극적으로 나섰고, 목소리를 키우고 과감하고 뻔뻔하게 행동했다. 친구 하자 손 내밀고, 친해지자 얼굴에 철판을 깔고 달려들고, 말을 재미있게 하기 위해 연습했다.

나의 타고난 성격을 뼛속까지 부정했다. 가면을 쓰고 살았던 게 아니라 피부처럼 느껴지게 가면을 이식했다. 손발이 부들부들 떨리면서도 이를 악물고 발표하고 토론에 임했다. 아무렇지 않은 척 연습하고 또 연습했다.

얼마 지나지 않아 학교생활은 점점 쉬워졌다. 날

때부터 사교적이었던 것처럼 자연스러워졌다. 사람 사귀는 일도 익숙해지고 활발하게 교내외 활동을 하며 주위는 늘 사람으로 가득 찼다. 생일 파티, 크리스마스 파티, 댄스파티 등 파티란 파티는 다 참가했고, 방학이며 주말이며 항상 친구들과 함께했다. 엉뚱한 이야기로 수업 시간에 반 전체를 웃음바다로 만들기도 하고, 선생님들과 농담을 주고받고, 처음 본 사람과도 깔깔거리며 대화를 나눌 만큼 대외적인 사람이 되었다.

조약돌처럼 둥글둥글해졌다. 우스갯소리에 까르르 웃는 친구들을 보며 안도했다. 즐겁거나 행복하기보다 이만하면 됐다고 안심하며 살았다. 하루하루 버티며 살면서 즐겁고 편하다고 주문을 걸며 숨을 쉬었다.

지금은 학교생활이 잘 기억나지 않는다. 고맙게도 기억이 알아서 그런 과거를 지웠다. 악착같이 사느라 기억에 남기고 싶은 좋고 따뜻한 추억을 쌓지도 못했다.

약에 취한 듯 다른 사람이 되어 5, 6년을 보냈다. 적당히 꾸미고 둘러대는 게 아닌 아예 다른 사람이 되었었다. 나를 위한 자리는 한 번도 내주지 못했다. 지쳐 만신창이가 된 스스로에게 그것밖에 못 하냐고 더 하라고, 생각하지 말고 지금처럼 그냥 살라고 배려 없는 말을 했다.

그렇게 7년을 연습했지만, 나는 여전히 뿌리 깊은 내향인이었다. 내향적인 나의 성격은 어디에도 가지 않았다. 8년간 지독히 부정했지만, 분투했던 그 시절이 무색하게 나의 성격은 조금도 변하지 않았다. 여전히 사람과의 만남은 피로감을 더했고, 낯선 사람과는 말을 섞고 싶지 않았다. 조용하고 정적인 활동에서 즐거움을 얻었으며, 어느 누구와 함께한 시간보다 혼자 보낸 시간이 만족감이 높았다.

대학에 들어와 뒤늦게 억눌렸던 감정에 풍파가 휘몰아쳤다. 나는 나의 성격을 질문하고 가치를 의심해야 했다. 과거를 옆에 데려와 앉혀놓고, 어린 내게는 한 번도 기울이지 못한 귀를 매일 기울였다. 남들에게 보이고 싶은 모습이 아닌, 내가 행복한 나의 모습을 찾아갔다. 그간의 공백을 메우려는 듯 나의 내향성은 지독하게 불타올랐다.

조금씩 그렇게 말 없고 혼자이기를 좋아하던 어

린 시절 내 성격의 원형으로 돌아갔다. 풍부한 내면 세계를 가진 예민하고 생각 많은 나 자신을 좋아하기 시작했다. 아낌없이 혼자의 시간을 가지며 나를 지켜냈다. 지난날의 어린 나에게 속죄하는 마음으로 매 순간 나를 우선시하며 존중했다.

외향적 기질을 열심히 겉에 바르면 행복한 외향인이 될 줄 알았다. 애쓰고 버둥대봤자 나는 '짝퉁'이었다. 생각 없이 행복을 좇으면 나는 어김없이 내향적인 사람이 되었다. 나는 영원한 내향인이었다. 8년간 부정하고 숨기느라 급급했던 내향성은 고삐를 풀자마자 터져 나왔다.

혼자가 되면 될수록 사람과 거리를 두면 둘수록 외로움보다 평온함이 더 크게 다가왔다. 내향적인 나는 호응이 재미나지 않았다. 청중을 휘어잡는 화려한 언변도, 배꼽을 잡게 만드는 유머 감각도, 누구와도 쉽게 친해지는 붙임성도 없지만, 사람들은 나를 여전히 좋아해줬다. 뼛속 깊이 내향적인 나를 사람들은 있는 그대로 좋아했다. 내향적인 나는 장점이 많은 사람이었다.

누구든 부족한 점과 뛰어난 점을 동시에 가지고

있다. 다수에 강한 사람이 있는가 하면 일대일 만남에 소질이 있는 사람도 있다. 자신의 잠재력과 재능은 무시한 채 스스로에게 없는 부분에만 늘 눈이 가 있다면, 나는 언제나 부족하고 열등한 사람일 수밖에 없다.

외향성은 관계의 대단한 메리트가 아니며, 내향성 역시 치명적인 핸디캡이 아니다. 성향에 상관없이 양쪽 모두 인간관계로 스트레스를 받고, 풀리지 않는 사람과의 관계로 씨름한다. 내향성을 버리기 위해 노력을 쏟기보다 어울리기 좋은 사람이 되기 위해 애쓰니 인간관계가 더 좋아진다. 맹수의 발톱도 훌륭한 무기가 되지만 카멜레온의 변장술 역시 뛰어난 생존 무기다. 내가 가지고 태어난 무기를 계발하는 데 몰입하니, 비록 발톱은 없으나 100번이면 100번 모두 사냥에 성공하는 유능한 사냥꾼이 된다.

내향성을 한 줌도 버리지 않고 그대로 발현하며 대학 생활을 마무리 지었다. 나는 외톨이가 되지 않았다. 오히려 평생을 함께할 소중한 인연을 여럿 얻었다.

세상의 질서는 아직까지 '함께'에 더 많은 방점이 찍혀 있다. 사회가 이렇다보니 관계의 폭이 좁은 내향인들은 더 초조함을 느낀다. 하지만 어울려 살아가는 이 세계의 질서가 '함께'를 더 많이 요구할수록 스스로가 자신의 베스트가 되어, 자신에게 꼭 맞는 옷을 입고 '함께'에 임할 수 있어야 한다. 어울림이 아닌 빛나는 나 자신으로 살아가는 것에 중심이 가 있기를 바란다. 불필요한 어울림을 강요하지 않되 마음의 문만은 언제나 활짝 열어놓으면 된다.

어린 시절 나는 외향과 내향이라는 선을 긋고, 무엇이 정답이고 무엇이 고쳐야 할 결점인지 검열하고 심문했다. 외향적인 사고를 강요하는 서구 세계를 경멸했지만, 사실 서구 세계는 나를 더없이 다채로운 사람으로 빚어준 양질의 환경이기도 했다. 어디에서도 돈 주고 살 수 없는 언어적 자산을 선물해준 고마운 과거이기도 하다.

외향적이지 않았기에 학교생활이 힘들었다. 하지만 그것이 전부는 아니었다. 무엇보다 학교생활이 힘들 수밖에 없었던 이유는 내가 나를 미워했기 때문이다. 언제까지고 내 편이 되어주어야 할 자신조차 나를 외면했기에 힘들었던 것이다. 나 자신조차 나와 친해지려 하지 않는데 그 누가 내게 다가와 친구 하자 할 수 있었을까. 나는 나를 충분히 사랑하고 인정하지 않았기에 그 마음이 가시가 되어 가까이하기 힘든 사람이 되었다.

친구들은 있는 그대로의 내 모습도 참 좋다고 해줬다. 믿고 의지할 수 있는 많은 친구들은 언제나 내 곁을 지켜줬다. 그리고 그들과 나 사이를 끈끈하게 이어준 고리는 내향성도 외향성도 아니었다.

어릴 적 나를 괴롭혔던 건 외향성도 내향성도 학교도 선생도 그 무엇도 누구도 아닌 나 자신이었다. 나의 내향성이 결점이 되었던 이유는 서구의 외향적 환경이 아닌 내가 나의 내향성을 미워했기 때문이다. 자란 다음에 보니 내향성만큼 나를 강력하게 지지하는 믿음직한 지지대가 없다. 가꾸고 아껴보니 내향성은 온통 매력적인 장점뿐이다.

유행처럼 '인싸' 열풍이 불고 있다. 나는 동경의 각도가 조금 다르다. '파워 인싸'도 '핵인싸'도 아닌 내 동경의 각도는 '좋은 친구'에 기울어져 있다.

그리고 곁에 사람을 모으는 '인싸'의 진짜 저력 또한 '좋은 친구'라고 확신하고 있다.

3
공허감

왜 이유 없이 짜증이 날까요

분노의 허들

'복장은 편하게, 가방은 가볍게.' 외출 시 나의 철칙이다. 외출 중에는 늘 두 손이 자유롭도록 몸에 지닌 물건을 간소화한다. 가방에는 최소한의 소지품만 넣는다. 보통은 지갑, 립밤, 콤팩트, 휴대폰 정도가 전부다. 글을 쓰러 카페에 가거나 누군가를 기다려야 할 일이 있으면 문고본처럼 작은 책 한 권과 수첩만 간편하게 휴대한다.

몸에 지닌 물건이 잡다하면 걸을 때 불편하고, 무거운 가방은 짐스럽게 여겨진다. 몸이 힘들면 분노의 허들도 낮아진다. 사소한 일에도 기분이 상하고 별것 아닌 일에도 견디지 못하는 뾰족한 사람이 된다.

몸이 가볍고 손도 자유로우면 무엇 하나 계획한
대로 되지 않는 날에도 관용을 베풀 수 있는 넉넉한
사람이 된다.

늘 가는 빵집에 항상 먹는 빵이 없어 빈손으로 나
왔고, 타고 가던 버스가 고장으로 멈춰 서는 바람에
중간에 내려야 했고, 그래서 한참을 기다려 갈아탄
버스는 내가 모르는 새에 노선이 변경됐고, 커피를
마시려고 들른 카페는 인산인해라 주문도 하지 못
한 채 발걸음을 돌려야 했던 날이 있다.

평소 같으면 뒤로 자빠져도 코가 깨진다고, 뭘 해
도 안 풀리는 재수가 없는 날이라며 씩씩댔을 텐데
웬일인지 기분이 좋기만 했다. 예기치 않은 변수에
도 크게 동요하지 않았다. 빵도 못 먹고 커피도 못
마셨지만, 행선지를 변경해 서점에 가서 좋아하는
책을 잔뜩 읽었다. 과정이야 어찌 됐든, 기분 좋은
하루를 보냈다.

버스가 멈춰 서 짜증이 났던 이유는 발 아픈 구두
를 신고 무거운 가방을 들었는데 계단을 오르내려
야 하는 지하철을 타는 것이 싫었기 때문이고, 노선

이 꼬여서 신경질이 난 이유는 계획했던 일정에 오차가 생기면 약속 시간을 맞출 수 없다는 불안과 초조함 때문이었다. 한두 시간 일찍 나와 기다리니 일정에 맞추느라 서두르지 않아도 되고, 무거운 가방을 들지도 불편한 신발을 신지도 않았으니 이래도 좋고 저래도 좋을 뿐이다. 몸은 가볍고 손은 자유롭고 발은 편안하니 더 걸어야 해도, 조금 늦어도, 돌아가도, 부득이하게 지하철을 타야 해도, 예상대로 일이 풀리지 않아도 화를 낼 이유가 없다.

신경을 거슬리게 하는 일도 많고 작은 일에도 혀를 끌끌 차는 상황이 잦다면, 부정적인 나의 태도를 마냥 꾸짖기보다 높은 불쾌지수에 기여하는 환경에 원인이 있지 않은가도 생각해볼 필요가 있다.

발이 아프고 손은 바쁘고 어깨가 무겁다면 제아무리 낙천적으로 생각하려고 용을 써도 까칠하고 날카롭게 반응할 수밖에 없는 게 정상이니까.

쓸데없는 일에 시간을 낭비하고 있는 건 아닐까요

덕질의 이유

내가 하는 모든 행동과 선택이 경제적 효율과 생산성으로 이어지는 건 아니다. 나는 물을 마시고 꽃을 보고 아름다운 자연 속을 걷지만, 그 일을 함으로써 돈이 생기는 것은 아니다. 나는 돈 한 푼 받지 않음에도 풍요롭고 건강한 삶을 위해 기꺼이 이 모든 일을 지속한다. 생산성은 오직 '돈'이라는 단위 한 가지만으로 환산되지 않는다.

일본어를 배우기 시작했을 때 사람들은 내게 '왜'라는 질문을 많이 했다. "번역 없이 일본어로 된 책을 읽고 싶어서."라고 하니 그들은 고개를 갸우뚱했다. "한자가 좋아서."라고 덧붙여도 여전히

원하는 답을 얻지 못한 듯 어색한 미소가 되돌아왔다. 내가 다른 속셈을 감추고 있기라도 한 듯, 왜 이제 와서 생뚱맞게 일본어를 배우냐고 거듭 물었다.

일본에서 일을 구하거나 더 나은 미래를 도모하는 등 뭔가 내 삶에 경제적 도움이 되어야만 일본어를 공부하는 정당한 이유가 되는 걸까. 사용 인구를 놓고 언어의 가치를 저울질한다면, 만사 제쳐놓고 영어나 중국어에 매진해야 경제적으로 현명한 판단이라고 할 수 있을 것이다.

나는 일본어를 경제적 수단으로 배우지 않는다. 개인적 욕망과 행복을 위해 배운다. 일본어를 배우며 일본인들의 문화, 역사, 사유 방식, 문학을 더 가까이에서 듣고 이해할 수 있었고, 덕분에 일본이라는 나라를 속속들이 알아차리는 데 큰 도움을 받았다. 학문적 호기심을 해소하는 데 언어는 큰 역할을 한다.

더군다나 상상조차 일본어로 하겠다고 마음먹었으니, 그 언어를 구사할 때마다 나는 완벽하게 다른 사람이 되었다. 그때는 표정도 목소리도 억양도 생각하는 방식마저 조금씩 달라졌다. 결국 나는 또 하나의 자아를 갖게 됐다. 언어 학습이 아니었다면 어디에서도 할 수 없을 귀중한 경험이었다.

학문, 취미, 스포츠 등 배움의 열정을 불태우는 영역이 무엇이건, 좋아하는 마음 그 자체만으로도 충분히 시작해야 할 타당한 이유가 된다.

인도네시아, 네덜란드, 스웨덴이 영어가 통하는 나라라고 해서 인도네시아어, 네덜란드어, 스웨덴어의 가치가 뒤처지지 않는다. 그 나라 사람들이 영어를 잘하는 건 그들의 언어를 못하는 내게 고마운 일이지만, 그것이 내가 그들의 언어를 배우지 말아야 할 이유는 아니다.

그렇기에 나는 언어적 리듬감에 매혹되어 이탈리아어를 배우고, 곡선 문자가 매력적이라는 이유로 타이어를 배우고, 호라티우스와 호메로스 같은 그리스 로마 문명의 원전을 읽고 싶어 라틴어를 배우는 사람의 심정을 이해한다.

내가 매일같이 행하는 많은 일들은 1원 한 닢의 경제적 이익으로도 이어지지 않는다. 그래도 나는 영화관에 가고, 전시회를 관람하고, 외국어를 공부하고, 산책을 하고, 커피를 마신다. 이 일들은 내 영혼과 정신을 기름지게 해주고, 이해의 폭을 넓혀주며, 활력 있게 삶을 유지시켜주기 때문이다. 경제적 가치를 창출하지는 못해도, 그 건조한 숫자보다 훨씬 큰 지적 가치, 정서적 가치, 인문적 가치라는 이익을 창출한다. 누구 하나 내게 월급을 주지 않지만 그 사실이 나의 취미와 즐거움에 의심을 품게 하지 않는다.

일본어가 됐든, 라틴어가 됐든, 이제 더 쓰이지 않는 고대 상형 문자가 됐든, 나의 학문적 호기심과 배움의 열정이 향하는 곳이라면 중국어만큼 사용 인구가 많지 않아도, 사용 국가가 선진국이 아니더라도 주저하지 않고 배운다.

뜨거운 열정을 품은 많은 일들을 직업화하지 못했지만 그럼에도 나는 '덕질'을 계속한다. 물론 '덕질'이 업이 될 수도 있다. 하지만 '업'에 갇혀 좋아하는 일을 포기하지는 말자. 내가 하는 모든 일에 의미를 부여하고 주위의 납득과 승인을 구할 필요는 없다. 좋아하는 마음과 느끼는 기쁨과 즐거움이, 그 일을 지속해야 할 더 정당한 이유다.

그리고 또 혹시 아는가. 여러 가지 배움으로 풍

요롭게 다져진 나의 과거와 현재가 모여 미래의 경
제적 이익으로 이어질지.

좀처럼 한 가지 일에 집중할 수가 없어요

멀티태스킹 경계

현대인에게 '멀티태스킹'은 디폴트 모드다. 음악을 들으며 독서를 하고, 전화를 하며 장을 보고, 눈과 귀를 동시에 사용하며 영화를 보고, 밥을 먹으며 텔레비전을 본다. 두 가지 감각을 동시에 사용하는 게 일상이라 눈, 귀, 손 어느 하나라도 바쁘지 않으면 어느새 불안해진다.

나는 한 번에 한 가지 감각만 사용하려고 의식적으로 노력한다. 음악을 들을 때는 미동 없이 음악만 듣고, 책을 읽는 동안에는 시각 외의 감각은 사용하지 않는다. 무엇을 하건 한 가지 감각에 자극을 집중하고 나머지는 적극적으로 소등한다.

재채기를 하면 눈을 감고, 화들짝 놀라도 눈을 감는다. 악취가 나면 코를 움켜쥐고, 큰 소리가 나면 귀를 틀어막는다. 몸은 자극으로부터 감각을 보호하기 위해 우리의 무의식 속에 여러 가지 장치를 심어놓았다. 코가 과하게 일을 하면 알아서 눈이 쉬어주고, 귀가 충격을 받으면 나머지 감각의 데시벨을 낮추며 타격을 분산한다.

현대인의 삶에 멀티태스킹이 자리하고부터는 몸이 나서서 자극을 방어해주지 않는다. 그러나 시간이 흐르며 조금씩 동이 난 감각의 전력은 다른 방향으로 전력 부족을 알린다. 어깨 결림, 충혈된 눈, 스트레스, 수면 부족, 두통, 집중력 감소, 기억력 감퇴, 소화 불량, 무거운 몸, 뻐근한 목이 바로 그 경고음이다.

한 번에 한 가지만 하며 감각을 소등하고 귀가시키는 훈련을 하면, 내 몸과 정신은 더 이상 멀티태스킹을 기본값으로 인지하지 않는다. 감각은 각자의 자리를 침범하지 않고 자신의 차례가 돌아올 때 갈고 닦은 실력을 뽐낸다.

향기로운 꽃향기를 맡을 때 우리는 저도 모르게

눈을 감는다. 더 세심하게 향을 감지하기 위해 본능적으로 눈을 감으며 주의력을 한 가지 감각에 모으는 것이다.

앞이 보이지 않는 시각 장애인들은 귀로 듣는 소리에 의지해 입체적으로 공간을 인식한다고 한다. 영화 〈블라인드〉(2011)의 주인공 '수아'는 시각 장애인이지만 수사망을 좁히는 데 큰 힘을 보탠다. 볼 수 없음에도 불구하고 청각과 후각의 도움을 받아 눈앞의 범인을 놓치지 않는다.

몸은 노력하지 않아도 언제나 여러 감각을 자유롭게 사용한다. 아름다운 자연을 앞에 두고, 귀로는 파도 소리를 듣고 눈으로는 펼쳐진 수평선을 바라보고 코로는 비릿한 바다 내음을 맡는다. 따로 시간을 내어서 귀띔해주지 않으면 호기심 많은 뇌는 언제든 오감을 활용해 주변을 감지하고자 한다. 애쓰지 않아도 알아서 오감은 바쁘다.

그렇다면 한 가지씩 오감의 사용 시간을 줄이고, 그 대신 나머지 감각을 날카롭게 다듬어가면 어떨까. 눈이 쉬는 동안 귀가 가진 최고의 청력과 손에 닿는 예리한 촉각을 더 자주 사용할 수 있지 않을까.

잘 먹고 잘 사는데 자꾸만 한숨이 나와요

뜻밖의 탈출구, 운동

긍정적으로 생각하자고 백 번 마음속으로 주문을 되뇌는 것보다 10분간 땀 흘리며 격렬하게 운동한 번 하는 것이 더 효과적이다.

정신 건강에 신체적 움직임보다 더 확실하게 일조하는 요소는 없다. 운동이 발산하는 에너지는 몸만 아니라 마음에까지 관여한다. 스트레스를 받는 상황이 생기고 머릿속이 이런저런 생각으로 뒤엉켜 마음이 심란하고 진정이 되지 않을 때, 밑져야 본전이라는 심정으로 운동을 한번 해보라.

그 어떤 방법보다 나는 큰 효과를 봤다. 이보다 더 영구적이고 말끔하게 스트레스 지수를 낮춰주는 활동은 없었다. 운동이 습관이 되고 취미가 될 수 있었던 배경에도 이와 같은 정신적 도움을 받았던 기억이 있다.

실제로 적당히 격렬한 신체의 움직임은 세로토닌이라는 물질을 분비시킨다. 세로토닌은 우울증 환자에게 약으로 처방할 정도로 좋은 기분을 유지시키는 힘이 있다. 햇볕과 운동은 세로토닌을 어떤 외부 자극 없이 자생적으로 분비시킨다. 정기적인 바깥 활동과 적당한 강도의 운동을 절대 등한시해서는 안 되는 이유다.

살면서 숨이 찰 정도로 심장이 빠르게 뛸 일이 얼마나 있을까. 과거, 운동성이 곧 생존이었던 시절, 굶지 않고 공격당하지 않으려면 뛰고 오르고 버텨야 했다. 반면, 지금은 사냥을 하지 않아도 마트에 가면 끼니가 해결되고, 느닷없이 들짐승이 쫓아와 생명을 위협하지도 않는다. 전력을 다해 줄행랑을 치며 숨을 헐떡일 일도 없다.

그러나 인류는 긴 시간 몸을 격하게 쓰고 다양한 자세로 움직이며 생존해왔다. 거북 목을 하고 큐비클(칸막이로 둘러싸인 좁은 작업 공간)에 갇혀 깨

알 같은 글씨를 들여다보는 시간과는 비교도 안 될 만큼 오랜 시간 다양하게 몸을 쓰며 진화해왔다. 태양이 내리쬐는 뜨거운 땅을 밟고, 바람을 가르며 대지와 호흡하고, 자연과 숨결을 공유하며 생존했고 정착했다. 살기 위해 찌르고 던지고 당기고 둘러메고 굴렀다. 인간의 몸은 걷고 달리고 경사진 곳을 기어오르는 역동적인 움직임에 적응되어왔다. 땀도 흘리지 않고 관절을 다양하게 쓰지도 햇볕을 넉넉하게 쬐지도 않으면, 물질적으로 아무리 풍족해도 몸과 마음이 늘 무기력할 수밖에 없다.

현대인들은 행복감을 느끼게 하는 요소에 영적인 분야를 많이 개입시킨다. 마음을 잘 달래야 한다는 주장이 틀린 말은 아니나, 먼저 기본으로 돌아가 생리적 욕구부터 잘 충족해야 한다. 하루 종일 아무것도 먹지 않고 2, 3일 철야를 하며 수면 부족에 시달리는 사람이 한 끼 식사보다 자기 계발을 더 우선시할 리가 없다.

유난히 울적한 날이면 나는 한바탕 시원하게 달리고 온다. 멋진 몸매, 다이어트, 근육 강화가 목적이나 동기가 아니다. 좋은 기분을 느끼고 싶기에 달린다. 흠뻑 젖은 운동복과 거친 호흡으로 바짝 마른 입안, 목덜미를 타고 흘러내리는 땀줄기, 벌겋게 달아오른 양 볼, 터질 듯한 심장, 뻐근하게 저려오는 허벅지와 종아리… 이 모든 몸의 변화가 살아 있음을 알려준다. 나의 생명력이 어느 때보다 강하고 생생하게 느껴지는 순간이다. 활어처럼 팔딱이는 나의 심장이 "나, 지금 여기 살아 있어!"라고 소리친다.

평화로운 일상을 살아내면서도 자꾸 한숨이 나온다거나 문득문득 답 없는 질문들이 마음을 헤집어놓는다면, 분명 몸이 무언가를 요구하는 것이다. 부족한 운동량을 채워달라고 몸이 신호를 보내고 있는 것이다.

나는 시도 때도 없이 운동을 한다. 마음이 건강한 날은 갈증이 덜하고, 마음과 정신이 짓이겨져 피폐한 날이면 운동에 대한 갈증은 강렬해진다. 정해진 날 없이 세로토닌이 떨어지면 충전하기 위해 체육관에 간다.

숨이 차고, 근육에 자극이 오고, 땀이 흐르고, 심장이 뛰면 좋은 운동이다. 미적인 이유만이 운동의 동기가 아니다. 건강한 마음, 좋은 기분이 운동을

해야 할 더 좋은 이유이며 지속 가능케 할 더 강력
한 동기다.

　이렇게 생생하게 생명력을 느낄 일이 많지 않다.
인간의 몸만큼 삶의 활력을 투명하게 증명하는 존
재가 없다. 활력 없는 삶은 가진 체력, 지구력, 탄력,
신체의 물리적 능력치를 좀처럼 쓸 기회가 없는, 즉
움직임이 부재한 삶이다. 에너지가 쌓이기만 하고
발산되지 않으면 건강한 인풋이 들어올 자리가 없
어진다.

열심히 사는데 공허하고 무기력해요

컨슈머보다 메이커 본능

인간은 본디 메이커의 본능을 타고났다. 인류 역사의 원류를 거슬러 올라가도 우리는 늘 무언가를 끊임없이 만들고 있었다. 돌을 갈아 농기구를 만들고, 나무를 깎아 낚싯대를 만들고, 짚을 엮고 흙을 쌓아 올려 집을 짓고, 조개껍질을 엮어 장신구를 만들었다. 우리의 본능은 항상 컨슈머보다 메이커에 더 가까웠다. 새로움을 추구하고 표현하고 창조하고자 하는 욕구는 인간의 본성이다.

공허하고 무기력한 삶은 소비의 부재 탓이 아니다. 공허함의 출처는 무엇이든 소비만 하는, 관람객의 위치를 벗어나지 못하는 나 자신이다. 소비는 더 많은 소비만을 부추겨 공허함을 확장한다.

물질 소비보다 경험 소비가 만족감이 높은 것처럼 생산과 창작은 소비 활동보다 질적 만족감이 높다. 끊임없이 무언가를 만드는 사람이 될수록 창작에 대한 갈망은 타오른다. 삶의 매 순간이 예술의 한 장면이 된다. 내 주위를 맴도는 모든 사물과 경험이 곧 영감의 자원이다.

생산과 창작은 소비의 빈자리를 훌륭하게 채운다. 무에서 유를 창조하는 작업은 느낌표만 존재하던 내 생활에 드문드문 물음표를 남긴다. 창작은 나를 삶의 주역으로 만들어준다.

충만한 만족감을 이어갈 수 있는 동력은 본질적으로 소비보다 생산이 더 강하다. 메이커가 될수록 소비에 대한 갈증은 옅어진다. 소비에만 매몰된 삶은 공허하다. 어떤 일에든 열정적으로 임하고, 다양한 취미 생활과 사교 활동을 즐기고, 멋진 공연을 보고 풍미 있는 음식을 먹으며 지루할 틈 없이 살아도 생활은 적적하고 건조하다.

감탄만 하는 인생에서 내 자신은 언제나 관람하는 객체다. 깊은 감명을 받아 눈물을 쏟고 온몸에 전율이 느껴져도 언제까지나 객석에서 느끼는 감동이다. 소비는 나로 시작해서 나로 끝난다. 창작과 생산은 상호 교환이자 나로 시작해서 타인으로 수렴된다. 나 자신이 주인공이 되어 무대에 오르는 활동이다.

소비는 분명 즐겁다. 감동적인 공연, 미각을 충족하는 훌륭한 요리, 아름다운 그림, 발품을 팔아 얻게 된 빈티지 원목 서랍장 등 오감을 충족하는 소비는 놓칠 수 없는 삶의 재미다. 그러나 생산은 더 즐겁다. 느낌표와 물음표가 공존하는 삶은 어느 하나만 있는 삶보다 더 가슴 뛰게 한다.

소설을 좋아한다면 소설을 한 편 써보고, 영화를 좋아한다면 직접 메가폰을 잡아보고, 옷을 좋아한다면 손수 한 벌 지어 입을 포부를 가져보고, 음악을 좋아한다면 작곡에 도전해본다. 그림 그리기를 좋아한다면 전시를 열어 갤러리 앞에 서 있는 자신을 상상해본다.

좋아하는 것을 감탄만 하는 것은 쓸쓸하다. 어설퍼도 괜찮으니 거침없이 미숙한 생산자가 되어보라고 말하고 싶다. 객석이 아닌 무대에 올라보면 또 다른 세상이 보인다. 물질 소비만 했던 사람에게 경험 소비는 완벽한 신세계다. 마찬가지로 생산에는 소비가 결코 대신할 수 없는 짜릿한 감동과 전율이 있다. 무대에 올라봐야 그곳이 주는 희열과 카타르시스를 맛볼 수 있다.

결국 인생이라는 무대에서 나는 언제나 주인공이기 마련이다. 그것을 피부로 직접 체험해보는 것도 한 번쯤은 해볼 만한 경험이다.

4
관계

혼자만 툭 튀어나온 돌과 같이 느껴져요

사람을 대하는 나의 마음

대학 졸업을 앞두고 대학원 진학을 고민하며 장학금 받을 수 있는 데를 이곳저곳 알아봤다. 학비와 생활비를 전액 지원 받을 수 있는 대학원이 있었다. 지원서를 작성하려 했지만 이내 벽에 부딪혔다. 기본적인 지원 자격이 국내 초중고 재학 기간 7년 이상이었다. 한국에서 초등학교도 채 마치지 못하고 외국으로 간 나는 자격 미달이었다. 지원조차 하지 못하고 단념해야 했다.

대학원을 갈 수 있는 다양한 제도와 경로가 있어 그리 아쉽지는 않았다. 하지만 '초중고 재학 기간 7년 이상'이라는 사실이 유독 나를 생각에 잠기게

했다.

중국에서 6년 동안 살며 서구식 교육을 기반으로 하는 국제 학교를 다녔다. 학교에 가면 영어를 쓰고 밖에 나오면 중국어를, 집에서는 가족들과 한국어를 썼다. 소속감을 느끼기도 힘들었고 핏줄이 주는 가족애 또한 옅었다. 친척들과 교류한 적은 타지 생활 몇 년간 다섯 손가락 안에 꼽을 정도였다.

세 가지 언어를 쓰며 자라는 동안 어디에서나 이 방인이라 느꼈고, 어디든 속하고 싶어 버둥댈수록 점점 더 어디에도 속하지 않는 외지인이 되어갔다. 한국인의 정체성을 채 개발하기 전에 외국 생활을 시작했다.

교실에 한국 국적을 가진 아이는 나 혼자였고, 학우들은 각자 자신들과 유사한 배경을 가진 아이들끼리 어울렸다. 유럽계 백인들은 유럽계 백인들끼리, 아시아계 미국인들은 아시아계 미국인들끼리, 싱가포르나 말레이시아 아이들도 저마다 공유하는 문화와 사고방식, 성장 환경이 있는 아이들끼리 어울렸다.

나는 공유할 수 있는 게 많지 않았다. 1, 2년이 지나면서 친구가 된 아이는 나와 비슷한 아이였다. 홍콩인 어머니와 독일인 아버지를 둔 혼혈로, 그 친구와 내가 공유하는 부분은 어디에도 속하지 않는다는 그 한 가지였다.

시간이 지나면서 나는 서구식 사고방식을 갖게 됐다. 친구들도 동양인보다 백인이 더 많아졌고, 말투도 직설적으로 변했다. 에이브릴 라빈, 켈리 클락슨, 조나스 브라더스, 백스트리트 보이즈는 유년 시절 나의 아이돌이었다. 재클린 윌슨을 읽고, 〈아메리칸 아이돌〉을 챙겨 보고, 학교에서는 〈가십걸〉을 화제 삼아 대화를 꽃피웠다. 핼러윈과 추수감사절이 추석과 설날보다 익숙해져갔고, 커다란 로커와 이동식 수업도 어색하지 않게 됐다.

제3의 문화권에 걸쳐 자란 아이들이 으레 그렇듯, 나 또한 정체성과의 싸움을 학창시절 내내 겪었다. 내가 나고 자란 전통과 문화는 낯설어지고 새로 유입되는 문화와 관습을 익숙한 듯 내 것으로 만들어야 했다. 머릿속이 그들과 닮아갈지언정 마음속 어딘가에는 늘 이질감이 자리 잡고 있었다.

한국에서 대학을 다니게 됐을 때 나는 설레었다.

진로를 정할 때 두 번 생각하지 않고 한국행을 결심했다. 외지인으로서가 아닌 가족으로 나를 보듬어 줄 사람들이 있는 곳으로 가고 싶었다. 나의 부모와 같은 언어를 쓰고 비슷한 음식을 먹는 사람들이라면 나는 완벽하게 그들과 하나가 될 수 있었다.

한국에서 대학을 다니면서 나의 기대는 조금씩 금이 갔다. 선후배 구분이 없는 환경에서 자란 나는 선배들과 종종 마찰을 빚었고, 학교의 정적이 흐르는 강의 시간은 어색했다. 모든 것을 처음부터 끝까지 함께하려는 단체주의는 몸에 맞지 않았다. 내 피부에는 서구의 개인주의가 켜켜이 묻어 있었다.

납득이 되지 않는 상황과 문화는 계속됐다. 선배들에게 살갑지도 않았고 밥이나 술을 얻어먹지도 않았다. '후배 사랑 나라 사랑'이라며 술잔을 떠넘기면 나는 정색을 했다. 이 사람 저 사람 입이 닿은 국그릇을 '의리주'라며 내게 내밀 때는 분위기를 깨더라도 끝내 거절했다. 남녀 구분 없이 어울리는 내 태도 또한 여러 사람들에게 오해를 샀다.

힘들이지 않고 좋은 친구를 금방 많이 사귈 수 있을 거라 기대했던 한국에서도 사람 사귀는 것은 온통 장애물투성이였다. 파란 나라에서 나는 충분히 파랗지 못했고, 노란 나라에서 나는 늘 어딘가 부족한 노랑이었다.

나를 이방인 취급하는 그들이 미웠다. 문화가 달라서 애를 먹었던 중학교, 고등학교도, 머릿속이 달라 환영받을 수 없었던 대학교도, 두세 시간 길게 늘어놓아야 설명이 되는 내 학창 시절도 다 지겨웠다.

그러다 문득 생각을 해보니, 나를 손가락질했던 그들만큼이나 나 또한 그들에게 손가락질을 하고 있었다. 내 눈동자 색깔과 머리색이 자신들과 다르고 먹는 음식이 다르다는 이유로 나를 다르게 취급했던 그들만큼, 나와 눈동자 색깔과 머리색이 같고 먹는 음식이 같다는 이유로 모든 것을 인정받고 이해받을 수 있다고 여긴 나 또한 편견에 사로잡혀 있었다. 받아온 시선만큼이나 바라보는 나의 시선도 뒤틀려 있었다.

모국(母國)은 만능열쇠가 아닌 그저 또 하나의 색안경일 뿐이었다. 그들과 나 사이 거리감은 백스트리트 보이즈와 웨스트라이프를 듣고 자란 나의 성장 배경도 아니었고, 중국에서 국제 학교를 다닌 나의 10대 시절도 아니었다. 내가 가까워질 수 없었던 이유는 모국, 인종, 언어 등 온갖 색안경이란 색안경은 다 끼고 사람을 대한 나 때문이었다.

진실로 나를 마주하고자 했던 친구들에게 걸림돌이 된 것은 피부색도 이국에서 자란 나의 배경도 아닌 색안경으로 무장해 스스로 진을 치고 벽을 두른 나의 닫힌 마음이었다. 사람과 사람을 대하는 나의 진실된 마음이 있었더라면 노랗고 파랗고는 중요하지 않았다.

지금은 구분 짓지 않는다. 파랗기 때문에 친구가 될 수 없지 않고, 노랗기 때문에 모든 것을 수용해 줄 거란 기대 또한 없다. 파랗지도 노랗지도 않은 나를 사람들이 신기해하고 달리 취급하는 것은 내가 충분히 파랗지 못해서 또는 부족한 노란색이어서가 아니다. 내가 초록색이기 때문이다. 내가 초록색이라는 사실은 이제 또 다른 자신감의 원천이 된다.

관계가 나를 힘들게 할 때 우리는 상대방, 상황에서 원인을 찾는다. 하지만 자세히 들여다보면 문제가 피어오른 출발점은 내 안에 있다. 내성적인 나의 성격, 독특한 취향과 관심사 때문이 아니다. 나는 내성적이고 독특해서 어울릴 수 없고 이해받지 못할 것이라고 처음부터 문을 닫고 관계를 마주하기 때문에 인간관계가 그토록 어려워진다.

누군가의 색깔을 동경하고 내가 가진 색깔을 미워했지만, 내가 가진 고유의 색깔은 또 다른 누군가에게는 부러움의 대상이었다. 호기심과 매력으로 작용해 더 많은 기회를 만든 고마운 자산이었다.

나의 다름을 인정하거나 이해하지 않고 냉대할 수 있다. 관심사, 기호, 취향이 달라서 관계가 유지되지 않을 수도 있다. 하지만 시도해보기 전에는 아무도 모른다. 나의 색깔과 취향에 입을 열고 목소리를 높여보니 의외로 많은 사람들이 귀를 기울여줬다. 함께 좋아해주지는 않았지만 나를 아껴주는 마음이 있는 이들은 좋아하는 나의 마음을 그대로 지지해줬다. 그들 중 몇 명은 관심과 애정을 쏟아 나의 열정을 배우고 이해하기 위해 노력했다.

다르다는 것은 대화와 만남의 걸림돌이 되지 않는다. 만약 방해가 된다면 분명 내 자신이 '다름' 을

무기로 모든 것을 이해받으려 욕심을 부리고 있는
것이다.

'아무 말 대잔치'를 견딜 수가 없어요

진정한 경청

　글을 쓰다보니 자기표현을 할 때가 많다. 의견을 제시하고 목소리를 내는 일이 직업이다보니 쓰지 않는 시간에는 가급적 표현을 내려놓고 감상을 하려고 한다. 글을 쓰며 화자가 될 기회를 넉넉하게 누리니, 그렇지 않은 직업을 가진 친구들을 만나는 동안에는 그들에게 화자가 되어보라고 많이 권하는 입장이 되었다.

　자연스럽게 주인공 자리에서 내려와 스포트라이트를 상대에게 비추고 묵묵한 청자가 되는 일이 흔해졌다. 그런데 웬걸, 화자에서 청자로 역할만 바꿨을 뿐인데 대화가 너무 즐거워졌다. 기를 쓰고 반박

하지 않아도 차분히 의견을 제시할 수 있었고, 설득하려고 열을 올리지 않았지만 납득의 끄덕임이 돌아온다. 애초부터 나보다 타인을 우선시하겠다고 마음먹으니 별다른 노력 없이도 경청이 너무 쉽다. 하고 싶은 말 편히 하라고 자리에서 내려왔는데도 대화의 주도권은 밸런스가 늘 알맞다.

발언권에 집착하기 시작하면 대화는 아수라장이 된다. 온 신경이 말하기에 쏠려 있는데 타인의 목소리가 귀에 들어올 리가 없다.

마이크 쟁탈전에서 손을 떼고 화자의 자리에서 내려와보자. 쉴 틈 없이 바쁜 입 탓에 보지 못했던 대화의 큰 그림이 한눈에 들어온다. 처음부터 발언권이 없다고 생각하고 대화에 임하면 시작부터 끝까지 내 역할은 듣기 한 가지뿐이다.

인간은 본래가 주인공 병에 걸린 나르시시스트다. 의식적으로 겸손을 떨지 않으면 어느새 나, 나, 나를 연발하게 된다. 물리적으로 이동하지 않으면 자석처럼 이끌려 나는 세상의 중심에 가 있다. 청자가 되는 연습은 이 고정된 이끌림에 저항을 주는 작업이다.

주어에서 '나'를 줄이고 대화의 주도권을 내려놓자. 어차피 내 세계에서 주인공은 변함없이 나다. 한 발짝 물러서면 두 사람 모두가 주인공이 된다. 청자의 마음가짐은 신중한 화자를 만들고, 어떤 말을 할지 고민하는 사람에서 이 말을 왜 하려는가를 고민하는 사람이 된다. 말의 역할을 숙고하는 참여자가 있는 대화는 결단코 '아무 말 대잔치'가 될 수 없다.

지금도 대화에 임하는 나의 자세는 언제나 청자다. 나의 위치는 한 번도 바뀌지 않았다. 그러나 신기하게도 언제나 공평하게 말을 주고받으며 대화는 막을 내린다. 화자가 되지 않겠다는 결심에도 나는 벙어리가 되지 않았다. 왜냐하면 어느 한 사람이라도 대화의 초점이 말하기가 아닌 '이해'에 맞춰져 있으면, 화자도 어떤 방식으로든 청자의 존중에 대꾸를 할 수밖에 없기 때문이다.

주인공의 자리를 내주고 고요한 객석에 자리를 잡으면, 자신이 덜 중요해지는 게 아니라 모두의 목소리를 잘 들을 수 있는 환경이 조성된다. 내가 목소리를 줄이면 상대의 목소리도 잘 들리지만, 마찬

가지로 내 목소리 또한 상대에게 잘 전달된다.

　연령, 성별, 분야에 상관없이 무대에서 내려와 청중이 되어 임한 대화는 언제나 성공적이었다. 말하기를 목적으로 삼지 않으면 할 일이 많지 않다. 그 공백을 더 다채롭게 사용한다. 화자는 말하기 한 가지로 역할이 제한적이지만, 청자는 수만 가지 특권을 행사할 수 있다. 격양된 대화의 온도를 낮추고, 미지근한 의견 교환에 스파크를 일으킨다. 말장난으로 가볍게 흘러가는 대화가 언짢다면 묵직한 질문을 던져 무게를 더하기도 한다. 흥미 없는 주제가 지지부진하게 이어진다면 스리슬쩍 내 취향에 맞는 타이틀을 끼워 넣어 태세를 전환할 수도 있다. 주도권을 내주었는데 신묘하게도 대화는 점점 내 입맛에 맞게 흘러간다. 이 모두가 '말하기'를 내려놓았기에 얻을 수 있는 특별한 자격들이다.

　막막한 대화를 해결하는 첫 단추는 마이크부터 내려놓는 일이다. 소중하고도 사적인 이 시간이 진정 가치 있는 경험으로 남으려면 대화의 기본기인, 경청과 존중의 기초 체력부터 건실하게 길러야 한다.

관심사가 다른 친구와의 관계, 지속해야 할까요
귀한 존재로 대하는 마음

좋은 친구의 더 중한 조건을 뒷전으로 밀어내는 원흉은 바로 '관심사의 일치'라는 환상이다. 취향과 성격을 공유하면 쉽게 친구가 될 수 있다. 그러나 이것이 단단한 우정을 결정하는 필수 조건은 아니다.

인복 하나는 타고났다고 자부할 만큼 나는 든든한 친구들을 가졌다. 그들 가운데 나와 취미와 성격을 공유하는 친구는 한 명도 없다. 직업도, 관심사도, 신념도, 라이프 스타일도, 그리는 미래상도 모두 제각각이다.

이 사실이 내 친구들과 나 사이의 관계를 의심하

게 하냐고? 우리가 서로 다른 것을 좋아한다는 사실
은 단 한 번도 내게 문제가 된 적이 없다. 오히려 해
가 쌓일수록 그들을 향한 고마움과 애정은 더 각별
해지고 있다. 정반대의 길을 걸어가도 이로 인해 우
리의 관계에 금이 갈 일은 없다.

우리가 좋은 친구가 될 수 있었던 이유는 기호와
취미를 같이해서가 아니다. 그들이 내게 소중한 이
유는 함께하면 나를 귀한 존재로 만들어주기 때문
이다. 우리는 서로의 삶에 없어선 안 될 중요한 존재
이기에 그 사실이 우리 사이를 튼튼하게 연결한다.

취향과 관심사를 공유하는 운명 같은 상대가 있
을지라도, 그에게 내가 중요하지 않으면 공통분모
가 많은 남에 지나지 않는다. 친구가 되기 위해서는
서로를 아끼고 위하는 마음이 있어야 한다.

그 마음은 다름을 이해와 수용으로 감싸고, 강요
와 마찰보다 응원과 관심을 더 많이 만들어낸다. 많
은 것을 공유하지 않으니 우리는 늘 서로를 향해 질
문이 많다. 바라보는 시선이 다른 만큼 조언을 구하
면 진귀한 답변이 돌아온다. 흥취가 별로 없는 내게
새로움을 가르쳐주고, 타협 없는 나의 신념에 절충

과 유연성을 권한다. 너무도 다른 우리는 웃을 일도 신기해할 일도 많다. 음과 양처럼 각자의 부족함을 잘 보완하며 서로가 서로의 방패와 창이 되어주기도 한다. 나의 플러스가 그들의 마이너스가 되니 부딪힐 일도 많지 않다.

하지만 한 가지만큼은 변하지 않고 의견을 같이한다. 무엇을 좋아하고 어떤 방식으로 어떻게 살아가건, 서로의 행복을 응원하고 아픔을 슬퍼하고 시련을 감싸주고 성공을 축복한다.

비슷한 취향과 기호를 동기로 관계를 맺은 친구는 상황과 여건이 변하면 언제든 등을 돌릴 수 있다. 하지만 나라는 인간을 친구로 삼은 사람은 세상에서 가장 기이한 기호를 가져도 언제까지고 내 옆을 떠나지 않는다.

관심사의 일치라는 환상에서 벗어나자. 내 삶을 풍요롭게 만들 진짜 좋은 친구는 어떤 모습을 하고 언제 어떻게 나타날지 아무것도 예상할 수 없다. 쌍둥이처럼 닮은 모습을 할 수도 있고, 머리부터 발끝까지 무엇 하나 비슷한 점이 없을 수도 있다.

하지만 나를 진심으로 위해주고 좋아해주는 사

람을 만난다면 그 마음을 절대 헛되이 하지 말기를. 취향과 기호와 성격을 공유하는 사람은 언제든 만날 수 있지만, 혼신을 다해 나를 지지해주는 친구를 만나기란 정말이지 하늘의 별을 따는 일보다 쉽지 않다.

혼자는 외롭고, 함께는 괴로워요

함께하기 위한 혼자의 시간

자신의 용량을 알지 못하면 최선을 다해도 성과는 미미하다. 자신의 한계를 알고 이를 잘 지키면 건강하게 부상 없이 오래 달릴 수가 있다.

나의 능력치를 벗어나 과하게 애쓰고 있다면 함께든 혼자든 어느 한쪽에도 충실하지 못하게 된다. 하루 3시간이면 방전되는 사람이 5, 6시간 최대한도로 힘을 내고 있다면 외출 한 번만 해도 진이 다 빠져버린다. 혼자 시간을 보내며 내부에서 기를 모으는 성향의 사람이 일주일 내내 사람 틈바구니에 있다면 '함께'가 괴로울 수밖에 없다.

사람을 만나는 시간은 애쓰는 시간이 아니다. 모

두가 즐겁기 위해 배려하고 노력하는 것은 맞지만, 어느 한쪽이 불평등하게 에너지를 과하게 소비할 의무는 없다. 함께의 시간이 항상 힘에 부친다면 그건 누구의 탓도 아니다. 자신이 스스로의 한계치를 넘어서 사람을 만나고 있기 때문이다.

빨간불이 켜진 몸으로는 '혼자'의 시간도 썩 유쾌하지 않다. 나만의 시간을 알차게 활용하기 위해서는 무엇보다 몸과 마음이 튼튼해야 한다.

제발 스스로에게 관대하지 말자. 나를 지키기 위해서라면 물불 가리지 않아야 한다. 과할 정도로 엄격하게 휴식과 충전을 의무화하자. 함께의 시간을 가치 있게 만들기 위해 혼자의 시간이 필요하다면, 한없이 시간을 내주자. 동시에, 내게 가장 잘 어울리는 함께의 형태도 공부하자. 내가 무리 없이 감당할 수 있는 인간관계의 크기는 어느 정도인지, 얼마나 자주 한 번에 몇 시간이 적당한지, 편안함을 느끼는 사교 형태는 어떤 것인지 등 스트레스 없이 함께를 소화하려면 체력을 아낄 수 있는 환경을 만들어야 한다.

내 경우 혼자와 함께의 알맞은 비율은 9:1 정도

다. 10일 중 9일은 혼자 보내야 함께하는 1일이 최고가 된다. 이 비율에 타협은 없다. 9일이 잘 충전되지 않으면 남은 1일도 결코 충실할 수 없음을 잘 알고 있다.

너무 혼자 시간을 보내다보면 외롭다. 적당한 선에서 제한해야 할 함께의 시간을 무한대로 허용하다보면 아무리 편한 사람과의 관계도 괴롭다.

자신에게 알맞은 비율을 알고 타협 없이 선을 지킨다면 혼자든 함께든 지치지 않고 오래 달릴 수 있을 것이다.

상처 받고 상처 주는 관계에 지쳐요

선택적 진솔함

무조건적인 솔직함은 관계에 독이 된다. 관계를 건강하게 유지하는 건 선택적 진솔함이다.

같은 이야기에도 여러 가지 반응을 보일 수 있다. 나의 진심을 속이지 않으면서 상대의 마음에도 흠집을 내지 않을 대답을 고민하니 생각보다 고를 수 있는 나의 선택지는 스펙트럼이 넓다.

매 순간 솔직함을 앞세워 대화에 찬물을 끼얹는다면 그 대화는 솔직함 외에는 아무것도 남지 않게 된다. 누군가의 험담을 하는 친구에게도 반응하는 방법은 여러 가지다. 욕하는 대상을 함께 헐뜯을까? 그것도 아니면 뒷담화를 하는 친구에게 불편한 대화는 그만두자며 질책을 할까? 같이 욕을 하지도 않고 친구에게 무안을 주지도 않으면서 대화의 분위기를 밝게 바꿀 수 있는 제3의 선택지가 있다.

"너 참 많이 힘들었겠구나."

"사회생활을 하더니 어른스러워졌어."

지칠 대로 지친 친구에게 필요했던 것은 욕보다는 위로일지도 모른다. 맞장구치며 편들어주자니 내 마음이 불편하고, 불편한 심정을 직접적으로 내비치자니 아무런 도움도 안 될 것 같다. 나의 진솔함도 지키고 친구의 아픔도 어루만져줄 수 있는 대안은 선택적 진솔함이다.

유능한 대화의 참여자는 스스로를 속이지 않으며 진솔함을 지킨다. 수만 가지 대답 가운데 나는 어떤 선택을 할 것인가를 결정하기 전에 언제나 웃으면서 헤어질 수 있는 끝맺음을 고려한다. 쓸데없이 친절할 필요는 없지만 쓸데없이 날카로울 필요는 더 없다.

거짓말을 하지 않으면서도 상대의 마음을 다치지 않게 할 수 있다. 과한 솔직함으로 상대의 마음에 상처를 내기보다 내 마음을 불편하게 하지 않는 선에서 적당히 듣기 좋은 말을 골라 하는 것도 때로 필요하다.

5
초조

지키지 못할 리스트를 자꾸 만들어요

줄이고 싶은 열 가지와 더하고 싶은 열 가지

새해가 밝으면 흔히들 세우는 신년 계획이나 버킷 리스트, 위시 리스트는 내게 없다. 그 대신 줄이고 싶은 열 가지와 더하고 싶은 열 가지를 나열해보았다. 줄이고 싶은 열 가지는 플라스틱, 육식, 건강에 대한 집착, 과일, 찬 음료, 안주(安住), 무채색, 실용주의, 말, 표현 등이다. 더하고 싶은 열 가지는 휴식, 만남, 녹황색 야채, 소비, 요리, 칭찬, 꽃, 술, 가족, 사진 등이다. 보편성도 대중성도 없는 지극히 개인적인 리스트다.

새해가 밝았다고 요술처럼 없던 의지력과 행동력이 생겨나지 않는다. 1월 1일에 대단한 마법이 있어 작년 한 해 동안 지속 못한 일들이 이루어지는 것도 아니다.

　다만, 아주 가까운 곳에서 자신의 평상시 생활과 행동 양식을 바라보며 1㎜만 몸을 틀어 위치를 바꾸는 건 쉽다. 내게 이 스무 가지 플러스와 마이너스는 딱 1㎜ 정도의 마찰이다.

　리스트를 만들고 행복에 젖는 순간, 아차 하고 스마트폰을 꺼내 들고 부모님 생신과 결혼기념일에 알람을 맞춰놓았다. 이 목록을 작성하며 나는 방 한편에 놓인 꽃병을 몇 번이나 바라봤다. 시들기 전에 새 꽃을 사서 꽂아야지 다짐하며 또 눈을 여러 번 맞췄다. 오늘 하루 무슨 칭찬으로 누구의 기분을 좋게 해줬나 떠올렸고, 장을 볼 때는 바구니에 빨강과 초록을 담았는지 잊지 않고 확인했다. 자판기에서는 블랙커피 대신 라테를 뽑아 마셨고, 구립 도서관까지 가는 길에 씁쓸한 원두 탄내가 아닌 달달한 커피 향을 즐길 수 있어 기뻤다. 실과 득을 계산하기보다 좋은 기분을 위한 선택을 조금씩 앞세웠고, 이 1㎜의 변화된 행동과 결정은 모두 하나씩 천천히 각인된 스무 가지 목록의 힘이다.

새해가 되면 완벽히 다른 사람이 되겠다는 가혹한 결심을 하기보다, 작년 한 해 수고할 만큼 수고한 자신의 등을 토닥토닥 말없이 두드리며 새해에는 조금 더 천천히 느슨히 걸어보자는 말을 건네는 건 어떨까.

어제보다 더 나은 오늘의 나를 꿈꾸는 마음은 물론 있다. 하지만 더 나은 오늘을 만들어내기 위해서는 대찬 계획으로 A4 용지 한 장을 가득 채우기보다, 어제의 나에서 고개만 살짝 돌려도 만들어낼 수 있는 작은 변화를 이어 붙인다. 그리고 1년 뒤, 1mm씩 매일 소심하게 돌렸던 고개와 작게 움직였던 발길이 큰 성장으로 바뀌어 분명 나를 놀라게 해줄 것이다.

장대한 버킷 리스트 대신 더하고 싶은 열 가지와 줄이고 싶은 열 가지 리스트를 만들어보라. 소심하고 하찮은 변화도 촘촘하게 쌓이면 성장과 성취로 이어진다.

느닷없이 초조할 때가 있어요

자연 속에 있기

낙천적인 성격을 타고나진 못했지만, 그래도 대체로 밝고 즐거운 분위기를 유지한다. 늘 자연을 가까이하려고 노력한 덕분이라고 생각한다.

일주일에 이틀 정도는 뜨끈한 물에 몸을 담그는 목욕을 한다. 고요하고 따뜻한 물속에 있으면 정체되었던 감각이 하나둘 되돌아온다. 데워진 몸의 열기가 도미노가 되어 정신과 마음에도 닿는다. 반시간 정도만 몸을 담그고 있어도 피부 표면부터 심장이 있는 몸속까지 온기가 퍼진다.

인간은 본질적으로 물과 가까운 생물이다. 우리가 태어난 엄마의 자궁은 양수라는 물로 채워져 있다. 그래서일까. 물속에 있으면 안락함마저 느껴진다. 그러나 분주한 하루 중에 물을 가까이하기란 쉽지 않다. 이렇게라도 별도의 목욕 시간을 가지며 사소하게라도 물을 곁에 둔다. 하늘을 올려다보고, 햇볕을 쬐고, 자연 속을 걷고, 물속에서 일정 시간을 보내는 일은 내가 어떤 중대사보다 우선시하는 일정이다.

우울하고 몸은 무겁고 경미한 두통마저 있었던 날을 떠올려보면, 대부분 집을 한 발자국도 나서지 않고 모니터 앞에서 일만 했던 날이었다.

아무리 바빠도 하루 30분은 자연 속을 걷는다. 공원이든, 운동장이든, 고수부지든, 하다못해 집 근처 놀이터에라도 들른다. 녹음을 보고 바람을 느끼고 물 냄새를 맡고 햇빛을 받을 수 있는 곳에서 잠깐이라도 시간을 보낸다.

빛과 바람은 음식 이상으로 중요한 에너지 공급원이다. 우리가 먹는 농작물도 태양 에너지를 이용해 양분을 만들어 자란다. 우리의 본능은 흙과 구름, 꽃과 식물에 친근하게 반응한다. 시멘트, 아스팔트, 철골, 플라스틱과는 친하지 않다. 장시간 인공 구조물에 노출된 몸은 스트레스 호르몬을 마구 분비한다.

고층 빌딩 틈바구니 포장된 도로 위를 살아가는 바쁜 도시인들은 자연을 가까이하기가 현실적으로 쉽지 않다. 그래서 여유가 닿는 대로 자연을 소비해야 한다. 흙을 밟을 여건이 안 되면 꽃이 핀 주택가라도 걷고, 울창한 숲길을 산책할 수 없다면 건물 안에서라도 파란 하늘을 시야에 가득 담을 수 있는 위치에 자리를 잡자.

하루 한 번 하늘을 올려다봤는지, 햇빛을 충분히 받았는지, 이 두 가지만 확인해도 마음의 숨통이 트인다.

지금 살고 있는 곳은 넓지 않으나 한쪽 벽면 전체가 커다란 창으로 되어 있다. 아침이면 방 전체로 금빛 햇살이 쏟아진다. 햇빛 샤워를 하며 아침을 먹는 시간은 하루 중 내가 가장 좋아하는 시간이다.

이곳으로 이사를 온 뒤로 나는 오래 자지 않아도 늘 기운이 넘친다. 전에 살던 곳은 하루 9시간, 길게는 10시간을 자도 자리에서 일어나기 위해 사투를 벌여야 했다. 담이 창을 가로막고 있어 대낮에도 어두컴컴한 집이었다.

새로 이사한 집에서는 아무리 늦게 자도 아침 7시면 어김없이 큰 힘 들이지 않고 눈을 뜬다. 뒤척이지 않고 잘 자고, 일어나는 데 뜸을 들이지도 않는다.

그 대부분의 공을 넓은 창과 채광에 돌리고 싶다. 게다가 빨래를 바싹 잘 말려주는 것은 물론, 해가 긴 여름에는 전기세도 아껴주니, 여러 가지로 햇빛에 많은 신세를 지고 있다.

적성과 다른 일을 하며 인생을 낭비하는 건
아닐까요
행복할 자유를 주는 도구

열정을 좇아 하고 싶은 일을 하며 돈도 벌라고 말하는 사람들이 있다. 직장을 박차고 나와 쓰고 싶은 대로 시간을 쓰고 하고 싶은 일만 하는 자유인이 되라고 말하는 사람들도 있다.

그런 말들을 귀담아듣는 건 자유다. 그렇게 사는 걸 동경하는 마음을 말릴 생각도 없다. 그러나 분명한 건, 그런 말을 하는 사람들은 당신의 불행과 행복에 일말의 관심도 없으며, 다가올 결과와 미래도 책임지지 않는다는 사실이다.

사랑해마지않는 일을 하며 살아야 행복한 건 아니다. 열정을 직업화하지 않는다고 당신이 겁쟁이

거나 게으름뱅이인 건 아니다. 일을 하는 매 순간이 의미로 가득 차지 않아도 당신의 삶은 충분히 가치 롭다.

사람들은 좋아하는 일을 업으로 삼고 싶다고 한 다. 돈을 벌기 위해 억지로 일하고 싶지 않다고 한 다. 열정을 가지고 즐거운 마음으로 노동하는, 의미 와 가치가 충만한 일터를 원한다고 한다.

나는 생업으로서의 직업이 결코 열등하다고 생 각하지 않는다. 똑같이 존중받아 마땅하고, 어떤 업 종에 종사하든, 일을 하는 모든 이를 높이 산다. 그 러나 노동과 업을 통한 가치 실현 또한 높이 사기에 그들의 열망을 이해하지 못하는 건 아니다. 단지, 그 열망이 생계 수단으로서의 노동을 폄하하는 근 거가 되지 않기를 바랄 뿐이다.

세상에는 좋아하는 일을 해야만 행복한 사람이 있고, 일이 아닌 다른 영역에서 완성되는 행복이 더 큰 사람도 있다. 업으로 하는 일이 삶을 지탱하는 중추가 되는 사람도 있고, 업이 행복한 삶을 보조하 는 하나의 수단에 불과한 사람도 있다.

열정과 업이 일치한 삶에 장밋빛 미래만 있는 건

아니다. 열정이 취미에 그칠 때는 괴로움이 없다. 업이 되는 순간 때 묻지 않아 반짝이던 열정은 상처 나고 거칠어진다. 일하는 시간이 언제나 즐거울 수도 없고, 매일 '놀멍 쉬멍' 편한 마음으로 일을 마주할 수도 없다. 탁월하게 잘하기 위해서는 삶의 나머지 영역에서 추구할 자유는 외면해야 한다.

야근과 잔업도 기꺼이 해야 하고, 초과 근무에 대한 수당이 없어도 불평하지 않으며, 즐거움은 언제나 뒷전으로 미루고, 소외감과 고독은 대수롭지 않아야 한다. 일과 나 사이 충족된 자유 하나면 그 밖의 모든 종류의 자유는 사소하게 여겨야 한다.

포기하고 희생해야 할 편의가 무수하고 넘어야 할 관문이 도처에 있음에도 이 길을 선택할 때는 그 길이 아름답고 이상적이기 때문만은 아니다. 달리 선택할 길이 없기 때문일 수도 있다. 모든 것을 다 갖춰도 가치 있는 직업 활동 없이는 행복할 수 없는 이들이기에, 고지식해서 의미와 가치가 있는 돈벌이만 인정할 수 있는 이들이기에, 행복의 허들이 남들보다 높아 모두가 다 가는 쉬운 길을 갈 수 없는 불행한 이들이기에 달리 선택할 길이 없는 것이다.

업과 열정이 일치한 삶을 동경한다면, 그 삶이 자기 행복의 형태와 어울리는지 따져봐야 한다. 살아보면 의외로 보잘것없을 수도 있다. 행복은 부풀어오른 환상이고 괴롭고 불안한 날이 더 많아, 돈벌이 수단으로 일을 하던 때가 그리워지기도 한다. 남 밑에서 주는 일 받아 하고 내려온 지시대로 일하는 게 더 쉽겠다는 생각이 든다. 책임질 일도 없고 골치 아플 일도 적다. 고까울 때는 욕할 상사도 있고 원망할 회사도 있다. 때 되면 통장에 월급도 착착 들어오고, 시키는 일만 하면 안락함은 보장된다. 몸이 부서져라 일을 하면서도 담담해야 할 이유도 없고, 남들 놀 때 놀고 일할 때 일하며 잘 어우러진 사회인으로 끈덕진 소속감 느끼며 살 수도 있다.

벌어들이는 돈이 모두 가치 있고 의미 있지 않아도 된다. 그런 삶을 산다 해서 당당하지 않아야 할 이유도 없다. 행복과 자유가 충족되는 영역은 '직업' 외에도 수없이 많다.

그럼에도 직장을 박차고 나와 그림을 그리고 연기를 하고 창업을 하고 열정을 좇겠다 말하는 사람들이 있다. 그들을 어디까지나 응원하고 싶다. 평탄

하지 않은 길을 선택했을 때는 사소한 지지마저도 절박해질 테니 말이다.

그러나 그들이 대단히 용감하고 특별한 사람들은 결코 아니다. 평범함으로는 행복할 수 없는 안쓰러운 사람들이다. 생각 없이 살고 싶으나 처음부터 그럴 수 없었기에, 고생길이 훤해도 자처하는 사람들이다. 어떤 선택을 하건 결국 더 행복한 쪽으로 기울었을 뿐이다.

친구들은 종종 내 삶이 부럽다고 한다. 출퇴근 시간에 지옥철 타지 않아도 되고, 트집 잡는 직장 상사나 밉상 동료한테 시달릴 일도 없고, 시계만 쳐다보며 목이 빠지게 퇴근 시간을 기다리지 않아도 되니, 그게 바로 무릉도원에 사는 것이라며. 하지만 희생한 시간보다 지급된 자유가 더 값이 나간다면, 감사한 마음으로 직장에 다니라고 말하고 싶다.

철마다 휴양지로 여행도 가고, 백화점에서 옷도 사고, 텔레비전에 소개된 맛집에서 코스 요리도 먹고, 레저도 즐기고 스파도 이용하고, 거칠 것 없이 원하는 일 다 해낼 자유를 직장이 준다. 단언하는데, 이 모든 일을 가능케 할 금전적, 물리적, 정신적 자유를 일에서 추구할 자유보다 가치 있게 평가하는 사람이 더 많다.

남들 휴가 갈 때도 일하고, 주말과 공휴일에도 날이 밝으면 어김없이 같은 시간에 같은 곳에 가 같은 일을 해도, 충분히 행복할 자신이 있느냐 물으니, 그렇다고 선뜻 말하지 못한다. 쓸쓸함과 외로움은 덤이고 책임과 원망의 화살도 모두 나로 끝난다면, 그때도 아무렇지 않을 수 있느냐고 물으니, 별일 아니라고 말하는 사람이 몇 없다. '업' 외의 모든 자유가 대수롭지 않을 수 있느냐고 물으니, 내 친구들은 한 명도 빠짐없이 망설인다.

업이 수단이 되거나 도구처럼 가볍게 취급되어도 아무도 당신을 비난하지 않는다. 삶이 저평가되는 기준이 업과 열정의 불일치도 아니다. 자신에게 가치 있고 행복한 영역이 '업' 외에도 많고 다양하다면 일은 사소하고 비중 없어도 된다.

9 to 6 사무직으로 일한다고 행복이 보장되지 않듯, 열정과 업이 일치한다고 삶이 전보다 더 윤택해지는 것은 아니다.

시계 쳐다보고 퇴근 시간 기다리는 자신을 자책

하지 않아도 된다. 당당하게 '일' 을 우선순위에서 밀어내도 된다. 행복한 일을 마음껏 할 수 있는 자유를 준 '업' 이 감사하고 고마워도 된다.

열정의 불꽃을 태우며 일을 한다고 으쓱해할 이유도 없지만, 일이 수단이 된다고 부끄러워할 이유는 더욱 없다. 행복할 자유를 주는 도구가 일이 된다면, 그 도구는 참으로 고맙고 대견한 존재가 아닐 수 없다.

낭비되는 헛된 시간이 아니다. 더 큰 자유와 행복을 위한 적립이다.

퇴사를 해야 할까요

좋아하는 일과 잘하는 일

수당 없는 야근과 잔업, 공휴일도 주말도 구분 없는 근무 일정, 불안정한 수입, 소속감의 결여, 보상 없는 노력, 막중한 책임, 홀로 떠안아야 하는 실패의 부담, 일과 삶의 희미한 경계….

당신이 직장을 나와 프리랜서가 되어 맞닥뜨려야 할 현실이다.

그럼에도 프리랜서를 해야 할 이유?

무한대의 자유, 침해 받지 않는 결정권과 창조력, 탄력적인 업무 시간, 보수에 상관없는 높은 만족도, 상상이 현실이 되고 현실이 수입으로 연결되는 짜릿함, 부서와 지위가 아닌 이름 석 자로 소개하는 나만의 비즈니스….

직장인과 프리랜서, 이 둘은 서로 맞물려 있다. 하지 말아야 할 이유가 누군가에게는 해야만 할 이유가 된다. 누군가에게는 매력적으로 어필하는 요소가 되고, 또 다른 누군가에게는 기피해야 할 이유로 작용하기도 한다.

직장 생활이 싫다는 이유만으로 사직서를 쓴다면 당신은 불행한 백수밖에 되지 않는다. 머지않아 더 큰 불안을 안고 초조하게 이직처를 알아보게 될 것이다.

나는 내가 가진 재능을 낭비하지 않기 위해 프리랜서로 일을 하는 것이지, 직장 생활이 싫어서 프리랜서를 하는 게 아니다. 하고자 하는 일의 강한 부름만이 퇴사를 결정한다.

소속된 직장에 적합한 사람이 있고, 스스로가 고용주가 되어야 할 사람이 따로 있다. 사람들은 저마다 다르게 태어났다. 이불 속에서 뭉개며 주말과 휴일을 보낼 수 있어 행복한 사람이 있는가 하면, 안주와 게으름을 견디지 못하는 사람도 있다. 자기 관리가 숨 쉬는 것처럼 자연스러운 사람도 있고, 순간의 쾌락을 더 높이 사는 사람도 있다.

지시가 있어야 안정감을 느끼는 사람도 있고, 스스로의 납득 없이는 행동할 수 없는 사람도 있다. 매달 일정하게 들어오는 급여가 일과 신념의 일치보다 더 중요한 사람도 있고, 가치와 의미를 결여한다면 안정성이 보장된 어떤 고수입 직장도 마다할 수밖에 없는 사람도 있다.

창조와 배움이 삶에 큰 비중을 차지하지 않는 사람도 있고, 배움과 성장에 늘 목이 말라 있는 사람도 있다. 출근과 퇴근이 삶과 일을 구분하는 고마운 경계가 되는 사람도 있고, 타인이 만든 규율과 지시를 견딜 수 없는 사람도 있다. 아무것도 정해진 게 없다는 사실이 설레고 흥분되는 사람도 있지만, 불확실성을 달가워하지 않는 사람도 있다.

불행한 백수가 되지 않으려면 자신에게 협조적인 생태계를 알아야 한다. 한두 달 휴직을 놓고도 마음이 갈팡질팡 갈대밭이 된다면, 당신은 소속되었기에 더 행복할 수 있는 사람일지도 모른다. 자유를 불안한 무료함으로 받아들이는 당신은 퇴사에 적합한 사람이 아니다. 무한대의 무료함을 온몸으로 반길 수 있는 사람이라면 직장이라는 울타리를 벗어나도 행복할 수 있다.

억압과 자유는 종이 한 장 차이다. 직장이 있기에 직장 밖의 공간을 마음 편히 즐길 수 있고, 출근의 압박이 있기에 퇴근 후 자유가 더 달게 다가오기도 한다. 출퇴근이 없는 삶은 휴식과 업무의 경계도 희미하고, 직장과 집의 구분도 없다. 다시 말해, 언제 어디에서도 일로부터 자유롭지 못하다.

퇴사의 동기가 도망치고 싶은 마음이 되어서는 안 된다. 하고자 하는 일이 분명해 재직의 공백을 알차게 쓸 수 있을 때가 사표를 써야 할 알맞은 때다. 주어진 자유를 책임감 있게 쓸 자신이 없다면 괜한 호기를 부리지 않기 바란다.

어떤 선택을 하건 자신의 장점과 능력치를 극대화할 수 있는 쪽에 승부를 걸어야 아까운 재능이 무용지물이 되지 않는다. 막연한 동경 자체는 나쁘지 않다. 하지만 부러운 마음 하나로 덜컥 일을 벌이고 나면 동경은 재앙이 될 수도 있다.

단란한 가정을 꾸리며 사는 것만으로 행복할 수 있는 사람이 있듯, 자신을 기다리는 사람과 조직이 있다는 사실에 안심하는 사람도 있다. 일을 벌이는 것에 재능이 있는 사람이 있고, 일어나고 있는 일을 유지하는 것에 재능이 있는 사람이 있다. 과학을 잘하는 사람과 그림을 잘 그리는 사람만큼 두 가지는 분야가 다르다.

좋아하는 일을 하는 것보다 자신이 잘하는 일을 하는 게 더 행복하다. 운이 좋으면 좋아하는 일을 잘하기까지 하지만, 불행히도 모든 사람이 그렇지는 못하다. 물론, 좋아하는 일을 잘하기 위한 노력을 마다하라는 건 아니다. 하지만 그 일을 잘하게 되기 전까지 직장이라는 안전한 울타리에 머무르자.

또 좋아하는 일을 잘하려고 애쓰다 안 되면, 언제든 방향을 틀어 잘하는 일을 좋아해볼 수도 있음을 기억하자. 사실, 더 빨리 행복할 수 있는 길은 후자에 가깝다.

결혼 안 해도 괜찮을까요

걱정보다는 열정

사람마다 홍수와 지진을 대비하는 방식이 다르
듯, 불안한 미래를 위해 준비하는 비책도 저마다 다
다를 것이다. 배우자가 아니더라도 '함께'를 약속
할 친구와 동료는 많고, 여차하면 나의 처음과 끝을
안전하게 책임져줄 새로운 국가를 찾아 떠날 수도
있다. 실업이나 경기 불황 걱정 없이 평생 할 수 있
는 직업을 계발할 수도 있고, 연금, 땅, 주택 등에 투
자해 나만의 노후 안전망을 구축할 수도 있다.

결혼이라면 앞뒤 따지지 않고 질색을 할 필요도
없지만, 결혼을 하지 않으면 삶의 기반이 모두 무너
질 거라는 우려 또한 할 필요가 전혀 없다. 나는 독

신주의를 표방하지도 않고, 결혼을 열렬하게 옹호하지도 않는다. 하지만 평화롭게 잘 살아가고 있다. 나는 어느 쪽도 아닌 삶을 그저 흘러가는 대로 내버려두자는 '흘러주의자'다.

마음 맞는 사람이 생기면 만나 사랑하고, 그 관계가 깊어지면 더 많은 시간을 함께 약속하고 싶어질 테고, 그러면 그때 '결혼'은 하나의 유용한 수단이 될 수 있다. 결혼을 한다는 이유만으로 나라에서는 혜택도 주고, 감세도 해주고, 가족 구성원을 늘리면 보조금도 준다. 연인에서 '보호자'로 신분이 승격되면 행정 처리도 보다 수월해진다. 그래서 결혼을 선택한다. 동거인의 신분보다는 '배우자'의 신분이 여러모로 누릴 수 있는 권리가 다양하니 말이다.

노쇠한 몸을 힘겹게 가누며 텔레비전 앞에 앉아 고독사만을 기다리게 될 것이 두려워, 자신에게 맞지도 않는 '결혼'이라는 옷에 억지로 몸을 욱여넣을 수도 있다. 하지만 그 대신 폼 나게 늙어 좋은 소문 자자한 노인으로 살아갈 인생 제2막을 생각하며 열심히 달려가는 건 어떤가. 하루하루 최선을 다해 살다 어느 날 누군가와 사랑을 하게 될 수도 있다. 결혼도 하고 아이를 낳을 수도 있다. 그렇게 해서 노년의 시나리오가 바뀐다면 그건 그대로 또 좋다.

지금은 명실상부하게 국민 MC로 자리 잡았지만, 유재석은 무명 시절이 길었다. 긴 무명 시절 그는 열 밤 중 아홉 밤은 고민하고 걱정하고 불안해하며 보냈다고 한다. 모처럼 방송 출연의 기회가 와도 대본을 공부하기보다, 벌어지지도 않은 내일의 실수를 걱정하며 날밤을 지새웠다고 한다. 그렇게 정작 숙지해야 할 대본은 한 자도 제대로 읽지 않아 귀중한 방송이 허사로 돌아간 일이 수두룩하게 많았다고 한다.

고민은 아무런 결과도 가져오지 않는다. 자신이 우려하는 커다란 실수를 가장 안전하게 막아주는 건 걱정보다 연습이다. 불투명한 미래가 스스로를 괴롭힌다면, 하루하루 노력해 내일을 조금씩 덜 불투명하게 만들면 된다. 새로운 능력을 습득하고, 다양한 직군의 사람들을 만나 네트워킹을 하고, 무엇이건 적극적이고 책임감 있게 임해 좋은 평판을 쌓아가고, 기회가 오면 놓치지 않고, 경험과 배움으로 자아의 토양을 기름지게 만들어, 의지하고 기댈 곳 없이도 우뚝 서 있는 자기 존재만으로도 든든한 사람이 되는 것이다.

나 또한 스트레스, 불안, 초조함을 숱하게 겪는다. 그러나 머리로는 분주하게 고민해도 몸은 가만히 내버려두지 않는다. 행동하고 연습하고 실천하고 투자하고, 읽고 쓰고 공부한다. '비바람이 내리지 않게 해주세요.' 백 번 기도하기보다 무너지지 않는 튼튼한 천막 하나를 가지고 있는 편이 어떻게 보아도 더 안심이기 때문이다.

매일같이 바쁘고 열정적으로 살다보면, 결혼의 싹을 틔울 사랑의 기회가 찾아올지도 모른다. 제 삶을 가꾸고 돌보며 하루하루 열심히 살아가는 이토록 매력적인 사람을 세상이 가만히 내버려둘 턱이 없으니 말이다.

나는 일단 멋진 사람이 되는 데 집중하며 살기로 했다. 가능하면 행복도 최대한으로, 주변을 아끼고 사랑하는 마음도 듬뿍, 믿고 의지할 수 있는 기술력과 능력으로 무장해 경제 기반도 튼튼하게 만들어놓겠다. 그렇게 나와 나를 아끼는 사람들을 지키고

책임질 수 있는 믿음직스러운 멋진 사람이 된다면,
내 미래는 결혼 여부에 상관없이 밝을 테니까.

이민 가야 할까요

도피처가 아니라면

일부 가혹한 평판도 있지만, 사실 한국은 부유하고 안전한 나라다. '선진국 클럽'이라고도 불리는 OECD의 회원국이고, 전 세계를 무대로 활약하는 '공룡 브랜드'도 여럿 보유하고 있다. 지금 이 시간에도 한국의 시민이 되기 위해 자신이 가진 전부를 내건 사람들이 적지 않다.

여기저기 손보고 고쳐야 할 사회의 이면들은 분명 있지만, 그럼에도 국민의 자유와 행복을 법으로 보장하는 민주주의 국가이고, 개인이 번 것은·개인의 몫으로 챙겨 개인의 행복에만 이기적으로 쏟아부어도 누구도 간섭하지 않는 자유 시장을 제공한다. 이 모두가 가능하고 또 성공적으로 운영되는 나라는 지구상에 몇 되지 않으며, 이것이 가능해지기까지 긴 세월 동안 우리 조상들은 피 흘려 싸워야 했다.

대한민국은 결코 완벽한 국가가 아니다. 정책, 제도, 조직과 정부도 아직 부족한 점이 많다. 우리보다 앞서 산업화를 이룬 국가들은 시행착오를 겪으며 다듬어낼 여유가 우리보다 많았으니, 모든 면에서 우리를 앞서는 게 당연하다. 그럼에도 불구하고 나는 다른 나라가 부러웠던 순간보다 대한민국 국민이기에 자랑스럽고 자신할 수 있었던 순간이 훨씬 더 많다.

중국에서 6년, 일본에서 1년, 유년 시절 대부분을 모국의 품 밖에서 보내는 동안 마음 한편에는 항상 내 나라를 향한 그리움이 있었다. 해외 생활에 적응을 잘하고 못하고를 떠나, 내 나라 밖에서의 삶은 안에서보다 거세고 고달프다. 타지 생활에서 외지인의 고성방가는 자국민들보다 더 큰 미움을 받기 마련이고, 같이 소리를 질러도 손을 들어주는 건 언제나 내 쪽이 아닌 자국민 쪽이다. 해외 생활에 꽤

익숙해진 것 같아도, 그곳 구청을 한번 다녀오면 외국인이라는 나의 신분을 새삼 확인하게 될 뿐이다. 온당한 처우일지라도 이 사실은 늘 나를 조금씩 더 외롭게 만들었다.

해외 생활에는 득도 있고 실도 있다. 그 시간을 성공적으로 끝마치고 싶다면, 조국의 '실' 을 메워줄 거라는 기대보다 가고자 하는 나라에서 얻을 '득' 에 초점이 맞춰져 있어야 한다.

조국이 당신의 번영과 발전, 행복의 발목을 잡는 주된 원인이라면, 당신이 성공할 수 있는 나라는 세상에 몇 되지 않는다. 어떤 나라를 가도 같은 이유로 당신은 그 나라가 자신에게 해줄 수 없었던 일들을 늘어놓으며 불만할 것이다.

개인의 실패와 정체의 원인을 '국가' 에 돌리면 개인은 꼼짝없이 국가에 종속된 존재가 된다. 정치인들을 욕한다고 개인의 행복의 부피가 늘어나지 않듯, 개인의 성장은 국가보다 개인에 의해 좌우되는 부분이 많다. 원망하고 불만하고 고민할지라도 가성비 높은 결과로 이어질 곳에 힘을 쏟아야 한다.

잦고 긴 해외 생활을 해왔고 지금도 진행 중이지

만, 이곳은 단 한 번도 내게 도피처가 아니었다. 학습의 터전이자 성장의 발판이며, 풍요로운 인간이 될 배움의 초석이자 내게 보탬이 될 자원이었다. '이것밖에 못 해주는 나라' 라는 마음으로 도망치듯 떠나기보다, 놀랍게 성장해 금의환향할 모습을 상상하며 벅찬 가슴을 안고 여정에 올랐다. 비행기에 오르는 순간도, 돌아오는 순간도, 똑같이 설렜고 변함없이 감사했다.

해외 생활을 결심하는 동기가 문화적, 학문적 호기심이라면 언제가 됐든 떠나서 해가 될 건 없다. 하지만 당신의 몫이 되어야 할 노력을 국가와 정부가 대신 해주길 바라고 해외를 선택한다면, 그곳에서의 삶은 지금과 결코 다를 게 없다. 또 경험상 '잘난' 나라일수록 노력하지 않는 개인은 더 철저하게 외면했다.

6
불안

이유 없이 불안해요

부재의 시공간

불안은 형체가 없지만 불안을 자극하는 것들은 분명한 형체가 있다. 쌓인 메일함, 쉬지 않고 울리는 메신저 알림, 기억조차 없는 사람들의 수북한 명함과 연락처, 냉장고 속의 방치된 식재료, 연말까지 빈틈없이 잡힌 한 해 일정, 투두 리스트, 버킷 리스트, 위시 리스트, 여백 없이 빼곡한 못다 이룬 일들, 밤낮 구분 없이 환한 실내….

우리에게는 부재의 시간이 필요하다. 궁핍했던 지난날을 보상이라도 하듯, 가득가득 채우며 지난 세기를 났다. 풍족함이 도가 지나치니 도리어 마음에 구멍을 만든다.

모처럼 주어진 휴가에 친구와의 해외여행 약속은 접어두고, 계획을 변경해 홀로 바캉스를 떠나보자. 그 시간 동안은 휴대폰도, 업무 다이어리도, 다망한 일정도, 버킷 리스트도 잠시 거리를 두자. 소리와 소통과 화면이 부재하는 공간에서 오직 자기 자신만을 반려 삼아 시간을 보내보자.

그때 시간은 아주 더디게 흐른다. 소란스럽게 날뛰던 머릿속은 그저 시끄러운 외부 세계의 반영이었다. 끝도 없이 스스로를 궁지로 몰아세웠던 걱정거리들도 더디어진 시간과 함께 멈춰 선다. 나를 힘들게 했던 감정들과 대화를 시도한다. 적막 속에서 귀 기울이니 마음의 소리가 너무도 또렷하게 들린다.

아무리 천천히 여유롭게 걸으려고 해도 나를 둘러싼 사방에서 밀치고 서두르고 재촉한다면, 나 역시 의지와 상관없이 조급한 군중의 물결에 떠밀려 속도를 내게 된다. 적당히 협조적인 주변 환경은 내면의 평화를 유지하기 위한 기본 조건이다.

불안하지 않을 수 있는 힘은 내 안에서 나오지 않는다. 의식적이건 무의식적이건 내가 선택하고 조성한 환경, 공간, 시간에서 나온다. 그 선택에 의해 단 하루 만에 마음의 평정을 잃은 채 불안에 떨 수도 있다.

생활을 복잡하게 만들고, 결정하고 선택해야 할 일을 늘리면 된다. 시간은 조급하게 쓰고, 한 번에 서너 가지 일을 동시에 하면 된다. 의식주는 뒷전으로 미루고 성공, 자기 계발, 진급, 인맥에만 매진하면 된다. 맛도 향도 음미하지 않고 인스턴트로 끼니를 때우면 된다.

백여 가지 계획과 끝이 보이지 않는 장황한 리스트를 만들어 어서 해내라고, 이것밖에 못했냐고, 못다 이룬 열망과 목에 걸어야 할 메달, 증명해야 할 성과가 이렇게 많다고, 다그치고 꾸짖자. 해낸 것보다 남은 일에 더 목을 매고, 성장보다 결과에 집착하자. 뜯지도 않은 택배 상자가 현관 앞에 그득히 쌓여 있지만 또 뭔가를 주문해 삶을 소비의 종착지로 밀어 넣자.

불안이 서식할 수 있는 모든 환경과 조건을 스스로 만들어놓고, 왜 나는 매일 이유도 없이 불안에 떠는 걸까 묻는다면 불안은 아무 죄가 없다. 불안을 한없이 허용한 자기 자신에게 답이 있다. 불안할 수밖에 없는 선택만 하니 늘 불안과 가까울 수밖에 없다.

사람마다 자극을 견디는 능력치는 다르다. 이를 알고 알맞게 환경을 조성해야 몸과 마음에 무리가 가지 않는다. 옷장 가득 옷을 채워 넣고 살아도, 냉장고 속 식재료가 썩어가고 있어도, 하루 종일 옆구리에 휴대폰을 끼고 살아도 생활에 큰 지장이 없는 사람도 있다. 무질서의 질서를 주장하는 사람도 있다. 그러나 또 한편에는 작은 일에도 예민하게 반응하고, 무엇 하나 쉽게 넘어가지 못하는 사람도 있다. 지저분한 환경에서 극도의 스트레스를 받는 사람도 있다.

취약하게 태어났으면 그에 맞게 부드럽게 주변을 다듬어야 한다. 자극을 처리하지 못한다고 세상이 거기에 발맞춰 살금살금 걸어주고 소곤소곤 말해주지 않는다. 자극을 소화하는 자신의 능력치를 알고 강도, 속도, 볼륨을 조절하는 건 인색함이 아닌 건강하게 장수하기 위한 자신과 주변 모두를 위한 배려다.

나의 집은 저녁이 되면 오직 희미한 간접 조명만이 고요하게 밤을 지킨다. 해가 지면 나 역시 휴식 모드가 된다. 반짝이는 화면도, 울리는 휴대폰도, 이거 사라 저거 사라 재잘거리는 광고도 없다. 그러니 무료함과 적막을 견디는 나의 내성만이 매일같이 성장할 뿐이다.

적막과 부재의 공간에 멍하니 앉아 있노라면 금세 눈꺼풀이 무거워진다. 한 번도 잠에 들기 위해 애쓴 적이 없다. 나는 생각이 아주 많은 성격인데도 말이다. 수면 부족으로 싸운 기억도 까마득한 옛일이 되었다. 나도 과거에는 뒤척이며 밤을 꼬박 새운 적도 있다. 물론, 한 손에는 휴대폰을 놓지 않은 채.

잡념으로 늘 머리가 복잡해요

감정 청소

사는 공간만큼이나 감정 역시 정기적인 청소와 정돈이 필요하다. 폐품처럼 쌓인 감정은 마음의 동맥 경화를 일으켜 숨이 턱턱 막힐 듯한 우울증을 만든다.

그때그때 감정의 찌꺼기를 청소하자. 쉴 새 없이 돌아가는 머릿속도 휴식이 필요하다. 감정의 잔해들은 기억이 날 때마다 분리수거해야 한다.

꾸준히 마음을 닦아내는 활동으로 글쓰기를 지속해오고 있다. 몇 년째 신세를 지고 있는 손바닥만 한 몰스킨 노트는 내게 마음의 잔여물을 털어내는 창구이자 지혜를 구하는 학습의 전당이다. 종이를 사이에 두고 대화를 하듯 떠도는 생각, 감정의 실타래를 하나하나 풀어낸다. 뚜렷하게 전하려는 바가 없어도 쓰다보면 결론이 맺어지고, 남겨야 할 핵심과 미련 없이 버려도 될 군더더기가 보인다. 스치는 생각을 날것 그대로 가장 싱싱할 때 수면 위로 건져 올린다. 말문이 막힐 때까지 쉬지 않고 펜을 매개로 종이와 대화를 한다.

써놓은 글을 보며 유난히 눈에 띄는 단어, 자주 등장하는 표현, 반복되는 문장은 다시 천천히 읽는다. 스스로의 무의식을 객관적으로 상대하는 내공이 쌓이면, 어떤 감정의 풍파가 몰아쳐도 압도되지 않는다. 막연한 기분과 생각을 구체적으로 설명하고 서술할 수 있으면, 감정의 온전한 주인이 된다.

이제는 습관이 되어 쓰지 않는 삶은 상상할 수 없을 정도로 글쓰기는 내게 삶이 되었다. 감정이 쌓일 새 없이 해소되니 늘 마음이 가볍다. 처음 글을 썼을 때와 달리 지금은 종이와 펜을 마주하는 자세가 그리 무겁지도 딱딱하지도 않다. 과격했던 과거의 문장에 비해 지금 써놓은 글에서는 감정이 동요하지 않는다. 하고 싶은 말이 흘러넘쳐 손이 마음의 속도를 따라가지 못해 버거웠던 이전에 비해, 지금은 주제를 정하지 않으면 할 말이 없을 정도로 속이 늘 텅 비어 있다. 의식의 흐름에 따라 쫓기듯 글을 썼던 초창기와 달리, 지금은 덤덤하게 앉아 타자의 심정으로 나 자신에게 조언을 해주는 지경에 이르렀다.

글쓰기 초창기에는 들끓는 감정의 온도를 식혀가며 토하듯 글을 썼다. 지금은 이성과 감정이 속도를 같이할 만큼 무의식과 의식 사이에 경계가 없다. 그만큼 나의 내면도 많이 성숙해졌다는 뜻이겠지. 글을 써왔던 시간이 고스란히 훈련으로 누적되어 마음을 차분히 다스리는 데도 꽤나 경력이 쌓였다.

꼭 글로 표현하지 않아도 괜찮다. 목소리든 음표든 그림이든, 내 생각을 견인하는 장치가 무엇이 됐건 내 마음에 가장 가까이 다가설 수 있으면 된다.

눈에 보이지 않아 소홀하기 쉽지만, 우리가 사는 공간만큼이나 마음에도 먼지가 쌓인다. 쓸고 닦지 않으면 더러워지고 냄새가 난다. 나는 지금까지 그랬듯 앞으로도 글을 쓸 것이다. 먼지 쌓일 새 없이 매일 광을 내다보면 문득 습관처럼 걸레를 손에 쥐었을 때 먼지가 묻어나오지 않는 날이 온다.

　종잇장처럼 가벼운 지금의 마음을 언제까지고 지켜내고 싶기 때문에 오늘도 잊지 않고 글을 쓴다. 하루를 마감하는 자리에는 언제나 글을 쓰는 내 자신이 자리한다.

　생각도 물건처럼 쓸모없는 것은 차곡차곡 쓰레기통에 담아 버릴 수 있다면 얼마나 좋을까. 몸과 환경은 적극적으로 행동하고 땀을 흘리면 눈에 띄게 정돈이 되지만, 마음은 닦아도 바로 얼룩이 지워지지 않는다. 매일 닦아도 어제와 별 차이가 없다.

　하지만 꾸준히 자신에게 알맞은 방법으로 내면을 단련해나가면 조금씩 눈에 띄지 않게 속이 깨끗해진다. 매일 닦아야 했던 속이 이틀에 한 번, 일주일에 한 번, 한 달에 한 번으로 줄어들며 마음 정리가 하루하루 수월해진다.

지금 이대로 괜찮을지 삶에 확신이 없어요

목적과 수단 & 선택과 집중

폭스바겐을 타건 벤틀리를 타건 달려가는 길은 변하지 않는다. 삼성 휴대폰으로 통화를 하건 아이폰으로 통화를 하건 전화를 받는 사람은 변하지 않는다. 비즈니스석이건 이코노미석이건 비행기를 타고 도착하는 곳은 변하지 않는다. 이름 없는 손목시계를 차건 롤렉스, 오메가 같은 명품 시계를 차건 흐르는 시간은 그대로다.

오메가를 차건 벤틀리를 타건 아무래도 좋다. 비즈니스석, 이코노미석 중 어디에 앉아 가건 문제될 건 없다. 하지만 삶의 질을 생활의 편의를 위해 타협하지는 말자. 인생의 수준을 생활의 수준을 위해 낮추지는 말자.

수단과 목적이 뒤바뀌면 삶의 질이 추락한다. 추구해야 할 목적이 있고, 그 목적을 보조할 도구가 있다. 하지만 때로는 주객이 전도되듯, 부르는 이름 석 자가 그 이름의 주인보다 더 중요해지기도 한다. 화려한 간판에 비해 음식이 형편없는 식당, 매력적인 표지에 비해 내용이 부실한 책처럼 말이다.

수단의 영역과 추구해야 할 궁극이 되어야 할 목적, 이 둘이 공고하면 선택과 집중이 쉽다. 운동화, 지도, 나침반, 물, 자전거, 이 모두는 빠르고 안전하게 목적지에 이를 수 있게 돕는 도구들이다. 다양한 수단을 적극적으로 활용할 수는 있지만, 어디까지나 수단에 머물러야지 우선순위가 되어서는 안 된다.

삶에 대한 소신은 목적과 수단의 명확성에서 온다. 내게는 이 두 가지 영역이 흑과 백만큼 분명하다. 창작, 표현, 기여가 글쓰기의 목적이니, 다 쓴 수첩은 보관하지 않고 버린다. 휴대폰은 연락을 주고받고 음악을 듣고 사전을 찾기 위한 도구이니, 그 역할에 지장이 없는 한 새것으로 업데이트하지 않는다. 집은 거주가 목적이기에 바람을 막아주고 온수가 나오는 걸로 충분하다. 건강, 지혜, 성장에는 애착을 갖지만, 운동화, 코트, 자전거, 화장품, 책은 언제든 처분할 수 있다.

개인의 가치관에 따라 목적과 수단은 언제든 그 형태와 위치가 변한다. 시간적 자유가 목적인 사람도 있고, 경제적 자유가 목적인 사람도 있다. 여행의 목적이 식도락인 사람도 있고, 교류와 만남인 사람도 있다. 내가 외국어를 공부하는 이유는 자유로운 소통과 표현이지만, 또 다른 누군가에게는 취업과 이직일 수도 있다. 우리는 각기 다른 목적을 가지고 살기에 나의 도구와 타인의 도구는 다르다. 하지만 한 가지 사실은 변하지 않는다. 목적에 확신이 없으면 잘못된 도구로 삶을 운용하게 된다.

자신의 행복과 안녕을 위해 목적과 수단을 이리저리 이동해보기를 주저하지 말자. 행복의 각도에 맞게 목표 설정을 했다면 나머지 영역은 도구가 된다. 그리고 이 둘이 뒤바뀌지 않게 확고하게 자리를 잡아야 노력한 만큼 보상이 있는 배부른 인생이 된다. 맛 좋은 요리를 계발하는 데 투자해야 할 시간을 아무도 보지 않는 전단지를 꾸미는 데 허비하면, 값진 노동이 전부 허사로 돌아갈 게 분명하니 말이다.

돈을 벌고 있어도 불안해요

나의 행복 유지비

저마다 행복한 삶을 살기 위해 필요한 알맞은 비용이 있다. 나는 이를 '행복 유지비'라고 부른다. 자신의 행복 유지비만큼만 일을 한다면 일을 하는 시간은 고통이 되지 않는다. 어떤 일을 얼마만큼 하건 더 가치 있는 자원을 벌어주기 위한 시간이니 기꺼이 감수할 수 있다. 돈이 나를 불안하게 하지도 않는다. 오히려 행복과 자유를 지켜주고 즐거움을 제공하는 돈이 감사하고 기특해서 매일같이 절을 하고 싶어진다.

자신의 행복 유지비를 알아야 한다. 윤택하고 행복한 삶을 지속하는 데 필요한 비용은 모두가 다르다. 이 행복 유지비가 명확해야 얼마나 일을 하고 언제 일을 멈추고, 노동을 통해 얼마만큼의 돈을 벌지도 주도적으로 정한다. 일을 하며 괴로움을 느낀다면, 일을 하고 있는 본인이 자신의 행복 유지비를 모르거나 행복 유지비를 초과해서 일을 하고 있는 것이다.

자신의 행복 유지비만큼의 수익을 벌어들이면, 투자한 시간이 고스란히 가치로 연결되어 일하는 시간이 괴롭지 않다. 그러니 어떻게 벌 것인가를 고민하기 이전에 얼마가 필요한가를 먼저 물어야 한다.

돈은 우리 삶을 이롭게 하기 위해 만들어졌다. 돈이 있기에 더 많은 선택을 할 수 있고, 능동적으로 인생의 방향을 설정할 수 있고, 베풀고 싶을 때 너그럽게 베풀 수 있다. 나의 자유와 행복이 가치로운 만큼 이를 견인하는 수단 또한 가치롭다.

나는 늘 일하는 시간이 기껍다. 돈 쓰는 시간이 가치로운 만큼 행복하고 즐거운 시간을 더 구입하기 위해 열심히 돈을 벌어야겠다는 생각을 항상 한다. 돈이 내 삶에 하는 역할 중 부정적인 것은 없다.

최고의 노동 동력이 되어 내가 나태해지지 않도록 채찍질해주고, 나에 대한 공부를 할 수 있는 계기를 마련해줬다. 이롭고 유용한 이 존재는 행복과 자유의 값어치, 노동의 즐거움을 가르쳐준 스승이다.

직접 벌어보니 돈 버는 일은 쉽지 않았다. 좋아하는 커피 한 잔, 빵 한 조각, 책 한 권도 전부 돈이라는 수단으로 교환된다. 행복하기 위해 많은 돈이 있어야 하는 건 아니지만, 어느 정도의 돈이 있어야 다양한 즐길 거리를 확보할 수 있다. 자유와 행복이 결코 무상으로 주어지는 게 아니라는 단순한 가르침 역시 돈을 벌며 깨달았다.

돈보다는 삶이 먼저지만, 삶 역시 돈으로 완성된다. 돈은 최소한의 행복할 권리, 입고 먹고 자는 생존을 위협할 수 있다. 현대 사회에서 돈 없이 할 수 있는 일은 많지 않다. 산에 들어가 움막 짓고 자급자족하며 살지 않는 이상 작든 크든 어떤 일을 하건 돈이 필요하다. 그래서 돈에 대해 잘 알아야 한다.

자신의 행복 유지비를 초과해서 노동을 하고 있다면 이런 질문들을 해보자. 그것이 가치 있는 선택인지, 돈을 수단으로서 잘 활용하고 있는지, 돈을 소중하게 대하는지, 돈을 우습게 알고 있지는 않은지, 자유와 행복에 대한 책임은 저버리고 결과만 바라고 있는 건 아닌지.

삶과 돈 가운데 삶이 명백히 우위에 있어야 하지만, 이 두 가지는 얽히고설켜 있다. 행복하기 위해 돈을 벌어야 하지만, 돈 벌기만을 맹목적으로 추구하면 삶에서 지켜야 할 더 중요한 가치를 외면하게 된다. 삶과 돈 사이의 균형을 어떻게 유지하느냐가 돈을 대하는 올바른 태도를 결정한다.

어떻게 쓰는 게 현명할지 고민하기 이전에 나는 행복하기 위해 얼마나 많은 돈이 필요한가를 우선적으로 물어야 한다. 이 질문은 지혜로운 소비, 즐거운 노동의 시작이다. 지폐의 모양을 하건 계좌상의 몇 자리 숫자로 존재하건 형태에 상관없이 내게 돈의 역할은 하나다. 언제나 나의 행복과 자유를 지켜주는 수단, 딱 거기까지다.

진정으로 돈과 건강한 관계를 맺은 사람은 근검절약, 절제를 삶의 우선순위에 두고 살지 않는다. 오히려 행복하기 위해 더 열심히 쓰고 번다. 돈이 많아도 불안하고 적어도 불안하다면, 그 원인은 액

수가 아닌 소비하는 자신에 대한 낮은 만족도다. 벌어들인 돈을 어디에 무엇을 위해 사용할 것인가, 이것이 명확하면 돈은 당신을 괴롭게 하지 않는다. 당신의 행복과 자유를 지켜주는 돈은 언제까지고 유용하고 유능한 도구이자 고마운 스승, 기특한 존재일 것이다.

달갑지 않은 제안이지만 거절하자니…

궁극의 선택

언젠가부터 재고 따지는 데 지쳐 조금이라도 불편의 싹이 보이는 일은 전부 하지 않는 쪽을 택하게 됐다. 헷갈리는 일은 하지 않고, 고민되는 자리는 가지 않는다. 주저하는 마음은 모조리 거절의 신호로 읽다보니 'NO'가 일상이 되었다. 응하는 일이 거의 없다보니 체력과 시간이 늘 남아돌아, 선택한 몇 안 되는 일에 더 전력을 다할 수 있게 되었다. '진짜 하고 싶은 일'을 구별하기도 쉬워졌다.

많은 일을 하지 않아도 선택한 한 가지만큼은 책임지고 똑 부러지게 해내니, 오히려 전보다 더 믿음직스러운 사람이 된다. 두터운 신뢰를 쌓는 데는

'YES' 보다 'NO' 가 더 입김이 세다.

지금까지 많은 일을 거절하고 잘라내고 단념했지만, 이로 인해 곤란했던 적은 없다. 누군가가 나의 선택으로 인해 곤란을 겪었다면, 잘못은 언제나 과분한 요구를 한 그들에게 있었다. 그 누구도 내 면전에 대고 나의 선택을 비난하지 않았다. 주변의 미움을 살 수는 있으나 이는 내가 관여할 수 있는 영역이 아니므로 고려하지 않는다.

거절을 하건 승낙을 하건 선택은 자신의 몫이다. 제안을 한 사람은 두 가지 선택지 모두에 가능성을 걸어둔다. 그가 어느 한쪽에 더 기대감을 갖더라도 거기에 부응해야 할 의무는 없다. 하지만 일단 선택을 했다면 결정에 책임을 다해야 할 의무는 있다.

자신을 1순위로 내세우건 타인을 1순위로 내세우건, 그 선택을 공개적으로 비난할 사람은 없다. 그러나 선택한 바에 최선을 다하지 않으면 비판의 도마 위에 오를 것이다. 쓴소리를 듣고 평판은 추락할 것이고, 마음속에는 원망과 후회의 화살이 잔뜩 꽂힐 것이다.

최선을 다하고 싶어지는 일만 선택하자. 새하얗

게 전의를 불태워도 털끝만큼도 체력이 아깝지 않은 일만 까다롭게 골라서 하자. 진짜 이기심은 이일 저 일 생각 없이 받아들여놓고 건성으로 자리만 지키는 무책임이다. 내키지 않는 일을 정중하게 거절하는 것은 민폐가 되지 않기 위한 배려다. 좋은 평판을 유지하고 싶다면 더 적극적으로 하고 싶지 않은 일을 분명하게 밝혀야 한다.

사람들은 소신대로 행동하는 사람보다 스스로 내린 결정에 책임을 다하지 않는 사람을 더 미워한다. 거절을 밥 먹듯 하는 사람보다 거절하지 못한 이유를 남 탓으로 돌리는 사람이 더 큰 원성을 산다. 거절로 인해 받을 상대의 상처가 걱정된다면, 하고 싶지 않은 일을 하며 내내 울상일 자신부터 가엾이 여겨보자.

이타적인 선택을 하건 이기적인 선택을 하건 모두 동등하게 주관적인 자신의 의사다. 강요받지 않았으니 헤아려줄 것을 요구할 수도 없다. 베푼 이타심에 걸맞는 보상이 돌아오지 않는다고 한들, 그 누구도 자신의 억울함을 동정하지 않는다. 두 번 기회가 주어지지도 않는다.

자신을 제쳐놓고 누군가를 위한 선택을 한다면, 그 선택에는 아무런 기대도 없어야 한다. 자신의 주관적인 이타심에 타인이 응해야 할 이유는 없다. 자신을 제쳐놓고 누군가를 위한 선택을 할 때는 돌려받을 실망과 좌절도 함께 감수해야 한다.

선택하기 전에는 이기심이 부정적으로 작용하지 않지만, 선택 이후는 불평불만이 용납되지 않는다. 선택의 자유를 누렸으니, 선택에 따른 후회와 원망의 몫도 자신의 것이다. 어떤 선택을 하건 후회와 책망의 크기를 최소화할 선택을 하면 된다. 그래야 자신의 선택을 놓고 주변에서 왈가왈부하지 않는다.

나, 지금 행복한가

행복을 추구하지 않는다는 것

예전에 한 인터뷰에서 '지금, 행복하세요?' 라는 질문을 받은 적이 있다. 특별히 불행하다고 생각한 적은 없으나, '행복한가?' 에 대한 질문에 자신있게 그렇다고 대답할 수도 없었다.

생각해보면, 일주일, 아니 한 달, 1년을 통틀어 눈물 나게 행복에 겨운 날은 며칠 없다. 한평생을 놓고 보아도, 그런 날을 세어보자니 손가락이 남는다.

평일 오전 오후는 일을 하고, 주말에는 집에서 체력을 비축한다. 외출도 잦지 않고, 사교 생활도 즐기지 않다보니, 사람을 만나는 횟수도 손에 꼽는다. 가슴 설레는 특별한 일도 없고, 주변인들과 맺은 대단히 끈끈한 관계도 없다. 미치도록 소중할 것도 없고, 그렇다고 지독하게 슬프고 괴로운 일도 많지 않다. 대체로 이런 날들의 반복이다.

하루 종일 사람과 말 한마디 섞지 않을 때도 있고, 신명 나게 웃어 젖히는 일도, 기분이 째지게 좋은 날도 몇 없다. 표정 없이 하루를 시작하고 마감하며, 어제와 같은 오늘을 살고, 오늘과 같은 내일을 기다린다. 그렇게 한 달 두 달 반복하니 1년이 흐른다.

사실, 매일 매일 행복에 겨운 삶이란 꽤나 피곤하다. 행복이 흘러 넘치는 24시간이라…, 썩 건강할 것 같지도 않다. 행복하지는 않으나, 지금의 삶에 만족한다. 이만하면 충분히 괜찮다 말할 수 있다.

건조하고 반복적인 일상 가운데 찰나의 즐거움이 있고, 그 즐거움에 감사하며 일상의 지루함을 흘려보낸다.

따지고 보면 단 한 번도 행복이 삶의 목적이었던 적은 없다. 행복해지기 위해 열심히 살기보다 부끄럽고 싶지 않기 때문에 게으름 피우지 않는 쪽이다. 그리고 지금의 나는 나의 시간, 나의 말과 행동, 내가 내린 선택 앞에 부끄럽지 않다. 그래서 삶이 행복에 겨워 미칠 것 같지 않을지언정 나는 나의 지금이 만족스럽고 고맙다. 그거면 된다.

행복한 사람보다, 만족하는 사람이고 싶다. 오늘의 내가 부끄럽지 않고, 오늘과 같을 내일임에도, 변함없이 노력할 수 있는 사람, 그거면 된다.

마치는 말

불면증을 치료하는 가장 효과적인 방법 중 하나가 애쓰지 않는 것이라고 합니다. '조금이라도 더 자야 해', '빨리 잠에 들어야 해'라는 마음의 압박이 점점 더 정신을 말똥말똥하게 한다고 하지요. 그러니 마찬가지로 생각을 멈추고 싶다면, 멈춰야 한다는 강박부터 내려놓아야 합니다.

불안 좀 하면 어떻습니까. 당신이 지금 하는 고민이 무엇이 됐건 어김없이 내일은 오고 또 다른 하루가 시작됩니다. 잡념의 무게가 나를 압사시킬 것 같아도 나의 안전과 생명에는 손톱만큼도 지장이 없습니다. 가방 속 소지품도, 얼굴 위 점의 개수도,

머리카락의 길이도, 냉장고 안 음식도 그대로입니다. 머릿속이 제아무리 부산스러울지라도 나의 물리적 환경과 육체적 상태에는 변화가 없습니다.

겁낼 것 하나 없습니다. 내버려두세요. 잠이 오지 않으면 공짜 시간 벌었다 생각하고, 책 읽고 음악 듣고 얻게 된 잉여 시간을 만끽하세요. 쉴 틈 없는 생각의 굴레를 지긋이 지켜보세요. 과연 어디까지 뻗어나가는지 갈 데까지 가보는 겁니다.

나는 생각 많은 스스로를 그대로 내버려두기로 했습니다. 천성이라 여기고 오히려 즐기기 시작하니 그리 나쁠 것도 없더군요. 불안했기에 최악을 피할 수 있었고 최선을 준비할 수 있었습니다. 생각해보니 불안만큼 훌륭한 생존 무기도 없습니다.

생각 많은 나의 천성은 변하지 않았습니다. 여전히 세상에 존재하는 온갖 질문과 고민과 걱정은 다 짊어지고 살고 있습니다. 그럼에도 특별히 어떻게 해보려고 하지 않은 채 그대로 살고 있습니다. 생각은 생각일 뿐, 내게 해를 가할 수 없으니까요.

이 일 저 일 잡다하게 생각하다보면 재미있는 상상도 많이 하게 됩니다. 잡념의 힘으로 공상을 하고 공상의 힘으로 창작을 하고 창작으로 돈도 벌고 있으니, 잡생각은 수입의 원천이기도 하네요.

실도 많지만 득도 없지 않습니다. 생각이 나를 괴롭힌다면 끝까지 파고들어 깊숙한 곳까지 가보세요. 의외로 싫지 않은 수확이 있을지도 모릅니다.

행복한 개인이 되자

내향인의 번아웃 해결책

1판 1쇄 인쇄 2025년 12월 1일
1판 1쇄 발행 2025년 12월 9일

지은이 진민영
펴낸이 김현정
펴낸곳 책읽는고양이(도서출판리수)

등록 제4-389호(2000년 1월 13일)
주소 서울시 성동구 행당로 76 110호
전화 2299-3703
팩스 2282-3152
홈페이지 www. risu. co. kr
이메일 risubook@hanmail. net

ⓒ 2025, 진민영
ISBN 979-11-92753-47-8 03810